LORENA SCHÖNFELD

Selbstregulation spielerisch erlernen

DAS WORKBOOK FÜR ELTERN

Email: info@edition-lunerion.de
www.edition-lunerion.de

Psiana eCom UG
Berumer Str. 44
26844 Jemgum

Inhalt

Vorwort

Willkommen zu diesem Workbook sowie zu einem Thema, das alle Menschen betrifft – die Selbstregulation. Ganz gleich, ob jung oder alt, die Ausprägung der Fähigkeit zur Selbstregulation beeinflusst die Lebensqualität eines jeden maßgeblich. Zudem trägt sie zum persönlichen Wohlbefinden bei.

Gerade in einer Welt, die von unterschiedlichen Reizen geprägt ist, mit denen verschiedene Emotionen einhergehen, ist es von großer Bedeutung, einen Weg zu finden, wie Sie die eigenen Gedanken, Gefühle und Handlungen bewusster steuern können. Dies ist auch für Ihr Kind ein wichtiger Bestandteil der persönlichen Entwicklung und des eigenen Wohlbefindens.

Im Hauptbuch haben Sie bereits einiges über die Hintergründe der Selbstregulation erfahren. Mit diesem Workbook halten Sie nun ein wichtiges Tool in der Hand, um das erlernte Wissen zu vertiefen.

Warum ist das Workbook ergänzend wichtig?

Mithilfe des Workbooks werden Sie und Ihre Kinder praxisorientiert im Alltag sowie in verschiedenen Situationen an die Hand genommen, um die Fähigkeit zur Selbstregulation weiter auszubauen. Auf diese Weise können Sie Ihrem Kind unterstützend zur Seite stehen und es in seiner Entwicklung fördern.

Sollten Sie nur das Workbook in den Händen halten, ist es daher empfehlenswert, auch das Buch „Selbstregulation spielerisch erlernen" von Lorena Schönfeld zu erwerben. In diesem Buch erfahren Sie nicht nur, wie Sie mit kreativen und altersgerechten Ideen Ihr Kind fördern, sondern auch, was es mit der Selbstregulation auf sich hat und wie Sie bei Ihrem Kind den Grundstein für die emotional stabile Entwicklung zum Erwachsenen legen können. Das Workbook bietet Ihnen daher eine praktische und handlungsorientierte Ergänzung zu den theoretischen Inhalten des Hauptbuches. Es unterstützt Ihre Kinder dabei, das für die Selbstregulation erworbene Wissen zu vertiefen und im Alltag umzusetzen.

Die Kombination dieser beiden Bücher bietet Ihnen die Möglichkeit, das theoretisch erworbene Wissen aktiv in der Praxis anzuwenden und die Fähigkeiten Ihres Kindes weiter zu fördern. Die im Hauptbuch vorhandenen Konzepte können mithilfe des vorliegenden Workbooks weiter vertieft werden.

Aus diesem Grund richtet sich das Workbook sowohl an Kinder als auch an Erwachsene gleichermaßen. Selbstregulation bleibt im Verlauf eines Lebens ein lebenslanger Pfad, den es zu beschreiten gilt. Innerhalb dieses Workbooks werden Sie und Ihre Kinder daher dazu eingeladen, die eigene Selbstregulationskompetenz durch verschiedene Übungen zu stärken, die eigenen Impulse zu kontrollieren und zu mehr Ausgeglichenheit zu finden.

Und nun viel Spaß beim Üben und Ausprobieren!

Teil I: Allgemeine Einführung

EINFÜHRUNG IN DAS WORKBOOK

Das Ihnen vorliegende Workbook wurde dafür entwickelt, Kindern im Alter von vier bis neun Jahren und deren Eltern sowie Gruppen ab sechs Jahren beim Ausbau ihrer Selbstregulationsfähigkeit zu helfen. Es baut auf den theoretischen Inhalten des Buches „Selbstregulation spielerisch erlernen“ von Lorena Schönfeld auf.

Die Struktur des Workbooks wurde dabei so gestaltet, dass die Bedürfnisse der unterschiedlichen Entwicklungsstufen Berücksichtigung finden und auf verschiedene Altersgruppen eingegangen wird.

Kinderteil von 5 bis 10 Jahren

Innerhalb des Kinderteils für Kinder im Alter von 5 bis 10 Jahren finden Sie dem Alter entsprechende Übungen und Aktivitäten, mit denen Ihr Kind seine Fähigkeit zur Selbstregulation selbstständig und auf spielerische Weise trainieren kann. Sollten Ihre Kinder noch im jüngeren Alter sein, können Sie diese bei der Bearbeitung der jeweiligen Übungen unterstützen. Hierzu können Sie beispielsweise die entsprechenden Anweisungen vorlesen oder gemeinsam einen Blick auf die angebotenen Übungen werfen. Außerdem haben Sie natürlich auch die Möglichkeit, Ihrem Kind die Übungen vorzumachen oder es bei der Ausführung durch Mitmachen zu begleiten. Auf diese Weise wird es leichter fallen, Ihr Kind zu aktivieren. Darüber hinaus haben Sie auch die Möglichkeit, die Übungen an den Entwicklungsstand Ihres Kindes anzupassen. Nehmen Sie sich außerdem zur gemeinsamen Durchführung der Übungen ausreichend Zeit. Auch das Besprechen der Erfahrungen, die mit den jeweiligen Aktivitäten gemacht wurden, kann im Nachgang eine sinnvolle Ergänzung sein.

Elternteil für Kinder ab einem Alter von 6 Jahren

Im Elternteil dieses Workbooks finden Sie ebenfalls unterschiedliche Übungen sowie Reflexionsaufgaben, die den Bedürfnissen von Kindern ab einem Alter von sechs Jahren gerecht werden. Die hier angebotenen Aufgabenstellungen sind so gestaltet, dass Sie gemeinsam mit Ihrem Kind an diesen arbeiten können. Besonders wirksam ist es, wenn Sie sich über die Themen austauschen. Neben der Förderung der Selbstregulationsfähigkeit Ihres Kindes kann das gemeinsame Durchführen der Übungen Ihre Beziehung zueinander positiv stärken.

Partner- und Gruppenübungen

Die innerhalb des Workbooks angebotenen Partner- und Gruppenübungen sind so ausgelegt, dass sie die sozialen Fähigkeiten sowie die Fähigkeit zur Selbstregulation im Gruppenkontext stärken. Als Partner für diese Übungen bieten sich bei Kindern ab sechs Jahren beispielsweise Geschwisterkinder oder Freunde an. Auch die Durchführung im institutionellen Kontext ist denkbar. Mithilfe der Übungen lernt Ihr Kind, sich selbst zu regulieren, und wird in den Fähigkeiten zur Teamarbeit sowie zur Kommunikation bestärkt.

Hinweis:
Beachten Sie bei der Durchführung der Übungen, dass jedes Kind sowohl hinsichtlich seines Entwicklungsstandes als auch im Hinblick auf seine Persönlichkeit individuell ist. Passen Sie daher die dargebotenen Übungen an die Interessen Ihres Kindes, sein Temperament sowie die individuellen Entwicklungsfortschritte an. Ermöglichen Sie Ihrem Kind, dass es die Fähigkeit zur Selbstregulation in seinem eigenen Tempo erlernen kann.

Gerade für Kinder stellt das *spielerische* Lernen eine entscheidende Methode dar, um die Fähigkeit zur Selbstregulation zu fördern.

Spielerisches Lernen vereint Spaß und Wissen und fördert dabei Fähigkeiten wie die Kompetenz zur Problemlösung, die Vernetzung vorhandener und neuer Wissensbestände sowie die Fähigkeit zur Übernahme von Verantwortung. Nicht nur die Selbstregulation, sondern auch Fähigkeiten, die für die Persönlichkeit und die Bewältigung des Lebens wichtig sind, werden auf diese Weise gebildet. Die Wichtigkeit des *spielerischen Lernens* zeigt sich in den verschiedenen Aspekten, die dadurch gefördert werden:

Motivation

Das Durchführen von Spielen weckt bei Kindern die Neugier und das Interesse. Für Kompetenzen, die bisher noch nicht ausgebildet sind, also noch erlernt werden sollten oder verbessert werden können, kann das spielerische Lernen dafür die Bereitschaft und den Lernwillen steigern. Zu den wichtigsten Kompetenzen zählen dabei exemplarisch:

- die kognitiven Fähigkeiten wie das kritische Denken, die Problemlösefähigkeit, das räumliche Denken, mathematische und logische Kompetenzen;
- die Kreativität, zu der Fähigkeiten wie die Vorstellungskraft gehören;
- die Kommunikationsfähigkeiten, wie beispielsweise die Fähigkeit, sich auszudrücken und zuzuhören, sowie die Ausdrucksfähigkeit;
- Teamarbeit und soziale Fähigkeiten, zu denen exemplarisch die Fähigkeit zur Zusammenarbeit, die Teamfähigkeit, Führungskompetenz, Kompromissbereitschaft und Konfliktlösungsfähigkeit gehören;

- die Selbstregulationsfähigkeit (hier insbesondere das Befolgen von Regeln und die Kontrolle von Impulsen);
- die Fein- und Grobmotorik wie die Hand-Auge-Koordination, die Geschicklichkeit und Bewegungsfähigkeit sowie die motorischen Fähigkeiten im Allgemeinen;
- die Sprachentwicklung;
- das Selbstvertrauen;
- die Ausdauer sowie
- die emotionale Intelligenz (im Kontext von Spielen vor allem das Einfühlen in andere Personen).

Aktive Beteiligung

Durch die spielerische Integration von Übungen in den Lernprozess werden Kinder aktiv in das Lernen eingebunden. Auf diese Weise kann das Verständnis vertieft werden. Hier ist vor allem der Begriff der kognitiven Aktivierung anzuführen. Dieser bezieht sich auf die Stimulation und Förderung mentaler Prozesse, die mit dem Denken, der Wahrnehmung, der Gedächtnisfähigkeit sowie der Aufmerksamkeit in enger Verbindung stehen. Integriert das spielerische Lernen die kognitive Aktivierung, sorgen die angebotenen Spielideen dafür, dass der Geist stärker angeregt und das Kind vor herausfordernderen Lernsituationen steht, die es im spielerischen Kontext mit Freude bewältigen kann. Häufig spricht die Fachliteratur in diesem Kontext auch vom sogenannten Prinzip der Aktivierung. Dieses besagt, dass der Lernende am effektivsten am Lernprozess teilnimmt, wenn er in diesen aktiv involviert ist und durch eigenständige Handlungen Informationen aufnehmen kann. Die aktive Beteiligung betont daher die Wichtigkeit von praktischem Tun, der Interaktion mit anderen Lernenden sowie der persönlichen Erfahrung. Diese Faktoren befördern innerhalb des Lernprozesses das Verständnis und die Fähigkeiten sowie nicht zuletzt die Motivation des lernenden Kindes.

Emotionale Bindung

Im Verlauf des Spiels werden positive Emotionen verstärkt betont und gefördert. Diese Emotionen fördern langfristig das Erinnerungsvermögen und sorgen für die Verknüpfung von unterschiedlichen Lerninhalten. Darüber hinaus fördern Sie durch das gemeinsame spielerische Lernen die emotionale Bindung zu Ihrem Kind.

Akzeptanz von Fehlern

Führen Sie mit Ihrem Kind spielerische Lernprozesse durch, schaffen Sie einen Raum und eine sichere Umgebung, in der Fehler unproblematisch sind. Auf diese Weise lernt Ihr Kind, dass Fehler als Teil des Lernprozesses betrachtet werden können. Das spielerische Lernen bietet Ihrem Kind daher vor allem langfristig gesehen Vorteile. Speziell die aktive Teilnahme an Lernprozessen sorgt dafür, dass komplexe Konzepte besser erfasst und verstanden werden können. Daneben fördert das spielerische Lernen die Fähigkeit zum kritischen und analytischen Denken bei Ihrem Kind. Damit sorgen Sie auf diese Weise dafür, dass Ihr Kind in die Situation versetzt wird, kreativ nach Lösungen zu suchen, sofern es innerhalb eines Lernzusammenhangs zu Problemen kommt. Der Erfolg, den Ihr Kind dabei im Spiel erfährt, stärkt das Selbstvertrauen und sorgt für eine positive Einstellung gegenüber Lernprozessen, was auch für den schulischen Kontext von großer Bedeutung sein kann. Wie Sie sehen, wird mit dem Begriff des spielerischen Lernens mehr als nur eine kurze spaßige Episode im Tagesablauf beschrieben. Vielmehr handelt es sich um eine effektive Methode, die der Wissensvermittlung dienen kann und die positive Einstellung zu Lernprozessen fördert. Hierdurch unterstützen Sie Ihr Kind dabei, seine Potenziale vollständig auszuschöpfen.

Was ist Selbstregulation und warum ist sie wichtig?

Der Begriff der Selbstregulation bezieht sich auf die Fähigkeit Ihres Kindes, seine Gedanken, Emotionen und Verhaltensweisen bewusst zu erkennen, zu kontrollieren sowie zu lenken. Aus dem psychologischen Blickwinkel bezieht sich die Selbstregulationsfähigkeit auf die Kompetenz der bewussten Steuerung von Handlungen, Emotionen und Verhaltensweisen. Es geht daher darum, dass Ihr Kind lernt, die eigenen Reaktionen im Rahmen verschiedener Situationen zu steuern, sodass die soziale Interaktion gefördert und die persönliche Entwicklung unterstützt wird. So umfasst die Selbstregulationsfähigkeit mehrere Schlüsselkompetenzen, wie beispielsweise das Management von Emotionen, die Kontrolle von Impulsen, die Fähigkeit zur Lösung von Konflikten, die Ausbildung des Selbstbewusstseins sowie die Fähigkeit zur Bewältigung von Stress und die Lenkung der Aufmerksamkeit. Ist von Selbstregulation die Rede, geht es also darum, in zielgerichteter Weise zu handeln und impulsive und reaktive Verhaltensweisen selbstständig positiv zu steuern. Hier kann die Selbstregulationsfähigkeit von der sogenannten Selbstkontrolle abgegrenzt werden. Die Selbstkontrolle kann als eine Komponente der Selbstregulation verstanden werden, die sich auf die Fähigkeit konzentriert, Impulse, Verlangen und spontan gesteuerte Reaktionen zu kontrollieren. Während es bei der Selbstkontrolle eher darum geht, bestimmte Reaktionen zu unterbinden, zielt die Selbstregulation eher darauf ab, eine bewusste (nicht kontrollierende) Steuerung der eigenen Verhaltensweisen und Impulse zu trainieren. Der Begriff der Selbstregulation kann dabei in unterschiedlichen Dimensionen definiert werden:

Emotionale Selbstregulation

Der Begriff der emotionalen Selbstregulation bezieht sich vor allem auf die Fähigkeit, mit den gegenwärtigen Emotionen angemessen umzugehen, ohne dass diese die eigene Person überwältigen. Die emotionale Selbstregulation umfasst daher auch

- das Erkennen von Emotionen,
- das Verständnis für ihre Ursachen sowie
- die Fähigkeit zur Regulation derselbigen.

In diesem Kontext lernen Kinder, ihre eigenen Gefühle zu erkennen, sie zu benennen und auch zu verstehen. Ihre Aufgabe ist es in diesem Kontext, Ihr Kind dabei zu ermutigen, einen gesunden Weg zu finden, wie es mit seinen Emotionen umgehen kann. Betroffen hiervon sind vor allem starke Emotionen, wie beispielsweise Wut, Frustration, Freude und Traurigkeit.

Beispiel:
Der kleine Tim (9 Jahre) ist frustriert. Er spielt mit seinen Freunden ein Spiel und alles sieht so aus, als würde er die Partie verlieren. Mit seiner Mama hat er jedoch bereits einige Male geübt, wie er sich verhalten kann, damit die Situation leichter für ihn wird. Er erinnert sich daran, dass es hilfreich sein könnte, durchzuatmen, da dies dafür sorgt, dass sich seine Gefühle beruhigen und die Gedanken leiser werden. Er macht sich bewusst, dass er das Spiel mit seinen Freunden begonnen hatte, um Spaß zu haben, und entscheidet sich, das Spiel mit einem Lächeln fortzusetzen.

Kognitive Selbstregulation

Bei der kognitiven Selbstregulation liegt der Fokus auf der Kontrolle der eigenen Gedankenprozesse. Hierzu zählen beispielsweise die Fähigkeit, die eigene Aufmerksamkeit bewusst zu lenken, vorhandene Impulse zu kontrollieren, aber auch das planvolle Denken und die Problemlösefähigkeit sowie die Informationsverarbeitung.

Beispiel:
Lisa (7 Jahre) bearbeitet gerade ein Malbuch. Um sie herum liegen einige Spielzeuge, die sie immer wieder vom Malen ablenken. Weil sie sich kaum noch konzentrieren kann, entscheidet sie, das Spielzeug vom Tisch zu entfernen, damit sie sich vollständig auf ihr Malbuch konzentrieren kann.

Verhaltensmäßige Selbstregulation

Mit der verhaltensmäßigen Selbstregulation wird die Fähigkeit beschrieben, das eigene Verhalten im Sinne der eigenen Ziele und Werte zu steuern. Praktisch betrachtet bedarf es hierzu der Überwindung von Versuchungen, der Fokussierung von langfristigen Zielen sowie der Entwicklung gesunder Gewohnheiten.

Beispiel:
Max (8 Jahre) würde unglaublich gerne Fernsehen. Allerdings hat er noch Hausaufgaben zu erledigen. Zuhause gilt die Regel, dass die Hausaufgaben erledigt sein müssen, bevor der Fernseher genutzt werden kann. Also entschließt er sich, sich zügig an die Hausaufgaben zu setzen, damit er baldmöglichst seine Lieblingssendung sehen kann.

Physiologische Selbstregulation

Mit dem Begriff der physiologischen Selbstregulation werden die körperlichen Funktionen, wie beispielsweise der Herzschlag, die Atmung sowie die Anspannung der Muskulatur, beschrieben.

Beispiel:
Emily (10 Jahre) ist sehr aufgeregt. Sie steht kurz vor einer Schulpräsentation. Die Lehrerin hatte der Klasse in der Vorbereitungsphase der Aufführung einige Entspannungstechniken an die Hand gegeben, an die sich Emily in diesem Moment erinnert. Also entschließt sich Emily, zur Beruhigung die „Bärenatmung" auszuprobieren, die sie in der Klasse gemeinsam so oft geübt hatten. Hierzu atmet sie tief ein, so wie es Bären tun, wenn sie sich zum Schlafen niederlegen. Im Anschluss an die Übung fühlt sich Emily ruhiger und ist bereit, vor der Klasse zu sprechen.

Innerhalb von Erziehungs- und Sozialisationsprozessen ist die Fähigkeit zur Selbstregulation ein wesentliches Ziel. Vielmehr noch spielt sie eine wichtige Rolle für die psychische Gesundheit, die persönliche Entwicklung sowie das Führen von effektiven zwischenmenschlichen Beziehungen. So ermöglicht es die Selbstregulation, besser mit Stress umzugehen, die eigene Impulsivität zu regulieren und auch Konflikte konstruktiv zu lösen.

Der Optimalzustand:
Ein Kind, das bereits über eine ausgeprägte Fähigkeit zur Selbstregulation verfügt, ist in der Lage, selbstständig eine Pause einzulegen, bevor es reagiert. Impulse können die eigenen Handlungen in diesem Fall nicht beeinflussen. Darüber hinaus können Kinder, die bereits über ein gewisses Maß an Selbstregulation verfügen, auf Strategien zurückgreifen, die dazu beitragen, dass Konflikte positiver gelöst werden können. Sie sind in der Lage, Kompromisse zu schließen und einen Perspektivenwechsel zumindest partiell vorzunehmen. Außerdem verstehen sie verschiedene Standpunkte und können gemeinsam mit dem Konfliktpartner an einer Lösung partizipieren. Ist die Fähigkeit zur Selbstregulation bereits gut ausgebildet, ist Ihr Kind selbstständig in der Lage, sein Konzentrationsvermögen zu fokussieren, was im Anschluss zu einer verbesserten Leistungsfähigkeit führen kann.

Tatsächlich nimmt die Selbstregulation besonders im Alltag – beispielsweise im Kontext von Schule, Freizeit und sozialen Interaktionen – eine Schlüsselrolle ein. Hierzu ein paar Beispiele:

Schule

Beispiel: Emotionale Selbstregulation
Emma ist 7 Jahre alt und geht bereits zur Schule. Matheaufgaben findet sie besonders schwierig. Weil sie mit ihrer Mama bereits seit einiger Zeit Übungen durchführt, die ihr dabei helfen, mit ihrem Ärger besser umzugehen, erinnert sie sich daran, dass sie – sofern sie alleine nicht weiterkommt – auch um Hilfe bitten darf. Also entschließt sie sich, die Hand zu heben und die Lehrerin nach Unterstützung zu fragen.

Beispiel: Kognitive Selbstregulation
Lucas ist 8 Jahre alt. Im Unterricht lässt er sich leicht ablenken. Sein Vater hat mit ihm zuhause geübt, wie er vorgehen kann, wenn das in der Schule passiert. Er schließt kurz die Augen, atmet tief durch und entscheidet sich dann dafür, seine Gedanken auf das zu lenken, was ihm der Lehrer erklärt.

Freizeit

Beispiel: Verhaltensmäßige Selbstregulation
Am Wochenende möchte Mia, 10 Jahre alt, mit ihren Freundinnen spielen. Da sie in der Woche nicht alle Hausaufgaben geschafft hat, steht ihr jedoch noch die Erledigung bevor. Durch das Üben mit ihren Eltern hat Mia gelernt, dass es helfen kann, Aufgaben in eine Liste einzutragen. Also teilt sie ihre Aufgaben in eine Auflistung und ergänzt die Zeit, die sie für die Bearbeitung vermutlich benötigen wird. Ihre Mama hilft ihr dabei und unterstützt sie etwas. So kann Mia besser abschätzen, wann sie Zeit zum Spielen mit ihren Freundinnen finden wird.

Beispiel: Physiologische Selbstregulation
Liam, 9 Jahre alt, spielt bereits seit einiger Zeit in einem Fußballteam mit. Er ist aufgeregt, weil am Wochenende ein großes und wichtiges Spiel stattfinden wird. Zur Entspannung übt er daher die Techniken, die ihm der Trainer erklärt hat. Er spricht positiv mit sich selbst, macht sich Mut, erinnert sich an sein Können und versucht, sich selbst daran zu erinnern, dass es wichtig ist, vor dem Spiel ruhig zu bleiben. Mehr als sein Bestes geben kann er sowieso nicht.

Soziale Interaktion

Beispiel: Emotionale Selbstregulation
Lena, 5 Jahre, ist sauer. Ihr Freund Thomas spielt heute mit jemand anderem. Ihre Eltern haben ihr jedoch beigebracht, dass sie über ihre Gefühle reden soll, anstatt ihre Wut in sich hineinzufressen. Also entscheidet sich Lena, zu Thomas zu gehen und ihn zu fragen, ob auch sie sich zum Spielen anschließen kann.

Beispiel: Kognitive Selbstregulation
Ben, 6 Jahre alt, hat gerade ein Spielzeug, das sein Freund Noah, ebenfalls 6 Jahre alt, auch gerne hätte. Früher hätten Noah und Ben darüber gestritten. Dank einiger Übung entschließt sich Ben, das Spielzeug mit Noah zu teilen. Im Anschluss wechseln sich die beiden bei der Nutzung des Spielzeugs ab.

Anhand der Beispiele wird deutlich, wie wichtig die Selbstregulationsfähigkeit für Ihr Kind im Alltag ist. Gerade, wenn es darum geht, mit verschiedenen Situationen umzugehen, kann eine gut ausgeprägte Fähigkeit zur Selbstregulation dazu beitragen, dass Ihr Kind den Alltag entspannter bestreiten kann. Auch wenn die Entwicklung von Selbstregulation für Ihr Kind mit Training verbunden ist, sollten Sie es durch die Durchführung der innerhalb dieses Ratgebers angebrachten Übungen bei der Ausbildung dieser unterstützen. Damit tragen Sie dazu bei, dass Ihr Kind sich innerhalb der unterschiedlichen Situationen des Lebens orientieren und bessere Entscheidungen treffen kann. Darüber hinaus lernt es, angemessen mit den eigenen Gedanken und Gefühlen umzugehen sowie diese zu verstehen, was zur Gesundheit und zum Wohlbefinden beiträgt.

Der Selbsttest zur Selbstregulation

Nachfolgend finden Sie einen Test, um die Fähigkeit zur Selbstregulation zu messen. Arbeiten Sie die Fragen gemeinsam mit Ihrem Kind durch und wählen Sie die Antworten aus, die am besten zu Ihrem Kind passen. Die Antwortmöglichkeiten sind so formuliert, dass sie Ihr Kind direkt ansprechen.

Emotionale Selbstregulation

Frage 1

Wenn du wütend wirst, was tust du?

a) Ich schreie und werde aggressiv.

b) Ich atme tief durch und versuche, mich zu beruhigen.

c) Ich sage gemeine Dinge zu anderen.

Frage 2

Wie fühlst du dich, wenn du ein Spiel verlierst?

a) Ich werde traurig und frustriert.

b) Ich bin enttäuscht, aber ich sage mir, dass es nur ein Spiel ist.

c) Ich werde wütend auf andere Spieler.

Frage 3

Wie fühlst du dich, wenn du etwas nicht verstehst?

a) Ich werde wütend und werfe meine Sachen hin.

b) Ich frage nach Hilfe, um es besser zu verstehen.

c) Ich denke, dass ich einfach nicht gut genug bin.

Frage 4

Du siehst deinen Freund mit einem anderen Kind spielen, ohne dich einzuladen. Wie reagierst du?

a) Ich werde traurig und sage gemeine Dinge zu ihnen.

b) Ich frage höflich, ob ich mitspielen kann, oder finde etwas anderes zu tun.

c) Ich sage laut, dass sie keine guten Freunde sind.

Kognitive Selbstregulation

Frage 5

Was tust du, wenn du Schwierigkeiten hast, dich auf deine Hausaufgaben zu konzentrieren?

a) Ich gebe auf und mache etwas anderes.

b) Ich erinnere mich daran, dass ich mich auf meine Aufgaben konzentrieren muss, und arbeite weiter.

c) Ich spiele lieber mit meinen Spielzeugen.

Frage 6

Du willst ein neues Spielzeug, aber du musst noch dafür sparen. Was machst du?

a) Ich bitte meine Eltern, es mir sofort zu kaufen.

b) Ich spare mein Taschengeld und warte geduldig, bis ich genug habe.

c) Ich werde wütend, weil ich es sofort haben möchte.

Frage 7

Wenn du viele Hausaufgaben auf einmal hast, wie organisierst du dich?

a) Ich mache nur die Aufgaben, die mir leichtfallen.

b) Ich plane meine Zeit, um alle Aufgaben zu erledigen.

c) Ich denke, dass ich sowieso nie alles schaffen werde.

Frage 8

Du liest ein Buch, aber deine Gedanken schweifen ab. Was machst du?

a) Ich lege das Buch weg und gehe spielen.

b) Ich lese die Absätze erneut und konzentriere mich wieder.

c) Ich lasse das Buch liegen und gehe schlafen.

Verhaltensmäßige Selbstregulation

Frage 9

Du möchtest einen Keks, aber es ist kurz vor dem Abendessen. Wie verhältst du dich?

a) Ich esse den Keks, gebe aber niemandem Bescheid.

b) Bevor ich den Keks verzehre, frage ich meine Eltern, ob diese es mir erlauben.

c) Ich nehme den Keks, frage aber nicht um Erlaubnis.

Frage 10

Du möchtest einen Freund besuchen, aber du hast zuhause noch Aufgaben, die du erledigen sollst. Wie reagierst du?

a) Ich sage meinem Freund ab, gehe aber trotzdem zum Spielen.

b) Ich gehe nicht eher zu meinem Freund, bevor ich meine Aufgaben erledigt habe.

c) Ich gehe zu meinem Freund. Meinen Aufgaben komme ich nicht nach.

Frage 11

Bevor du zu Bett gehst, bist du aufgeregt. Wie reagierst du?

a) Ich hampele im Bett herum, weil ich nicht einschlafen kann.

b) Ich lege mich ruhig hin und bemühe mich, in den Schlaf zu finden. Dabei hilft mir das ruhige Atmen.

c) Weil ich nicht alleine sein möchte, suche ich meine Eltern auf und wecke sie.

Frage 12

Du bist im Herbst draußen, um zu spielen. Du frierst. Was unternimmst du?

a) Ich jammere und sage, wie kalt es ist.

b) Ich gehe nach Hause und ziehe mir etwas Wärmeres an. Wenn ich zu faul bin, bewege ich mich, damit mein Körper warm bleibt.

c) Ich unternehme nichts, auch wenn es mir immer kälter wird.

Auswertung

Toll, dass du den Test zur Selbstregulation durchgeführt hast. Mithilfe der Auswertung kannst du besser verstehen, wie du in verschiedenen Situationen reagierst. Um deinen Test auszuwerten, zählst du die Anzahl der Antworten für a, b und c zusammen. Anschließend liest du dir die nachfolgenden Erläuterungen durch oder bittest deine Eltern, dir zu helfen.

hauptsächlich a) angekreuzt

Deine Selbstregulationsfähigkeit könnte noch verbessert werden.
In manchen Situationen zeigst du impulsive Reaktionen, sofern du mit deinen Gefühlen und Herausforderungen konfrontiert wirst. Das muss dich nicht beunruhigen und ist normal. Dennoch hast du die Möglichkeit, daran zu arbeiten. Das hilft dir vor allem in schwierigen Momenten, dich zu beruhigen und über deine Verhaltensweisen nachzudenken. In diesen Situationen kannst du tief durchatmen und dir die Zeit nehmen, bevor du entscheidest, wie du handeln kannst. Wenn du weiter an deiner Selbstregulation arbeitest, wirst du schnell lernen, bessere Entscheidungen zu treffen.

hauptsächlich b) angekreuzt

Deine Selbstregulationsfähigkeit ist gut ausgeprägt.
Du verfügst bereits über ein Verständnis dafür, wie du deine Emotionen kontrollieren kannst. Zudem kannst du dich bereits gut auf Aufgaben konzentrieren und gute Entscheidungen treffen. Bevor du handelst, atmest du durch und versuchst, etwas Abstand zu gewinnen, wodurch du gelernt hast, in verschiedenen Situationen besser zu reagieren. Wenn du auch zukünftig fleißig übst, wird sich deine Selbstregulationsfähigkeit verbessern.

hauptsächlich c) angekreuzt

Deine Selbstregulationsfähigkeit kann sich noch in einigen Bereichen weiterentwickeln.
Um deine Gefühle und Gedanken besser zu verstehen und besser auf Herausforderungen zu reagieren, ist es wichtig, dass du weiterhin an deiner Fähigkeit zur Selbstregulation arbeitest. Wenn du lernst, in stressigen Momenten ruhig zu bleiben und darüber nachzudenken, wie du besser reagieren kannst, wird es dir leichter fallen, bessere Entscheidungen zu treffen. Für die Übung und das Training brauchst du nur etwas Ausdauer und Geduld.

Hinweis:
Bitte erinnere dich beim Nachlesen der Auswertung daran, dass dieser Test dir lediglich eine kurze und allgemeine Einschätzung liefert und keine endgültige Bewertung darstellt.

Teil 2: Einstiegskapitel für Eltern und Bezugspersonen

DU BIST MEIN SPIEGEL: DIE CO-REGULATION

Für Ihr Kind ist die Entwicklung der Selbstregulation ein zentraler Schritt innerhalb der emotionalen, kognitiven und sozialen Entwicklung. Sie ermöglicht es Ihrem Kind, sich in sozialen Situationen angemessen zu verhalten, die eigenen Impulse besser zu regulieren und Probleme angemessen zu lösen.

Auch Ihre Beteiligung spielt bei der Entwicklung der Selbstregulation Ihres Kindes eine wichtige Rolle. Leiten Sie Ihr Kind an, seine eigenen Emotionen zu verstehen, diese zu benennen und im Nachgang konstruktiv damit umzugehen, tragen Sie maßgeblich zur Entwicklung einer gesunden Selbstregulation bei.

Die Gründe hierzu liegen auf der Hand:

- Für Ihr Kind nehmen Sie als Eltern eine entscheidende Vorbildfunktion ein. Das liegt vor allem daran, dass Kinder vieles über die bloße Beobachtung lernen. Zeigen Sie als Eltern demnach eine gute Selbstregulation, kann sich dies positiv auf Ihr Kind auswirken, da es einige Verhaltensweisen übernehmen wird. Aus diesem Grund ist es wichtig, dass Sie sich als Eltern Ihrer eigenen Emotionen bewusst sind und diese angemessen regulieren. Auf diese Weise können Sie Ihr Kind im Umgang mit den eigenen Gefühlen besser unterstützen.
- Sind Sie in der Lage, den alltäglichen Belastungen und Stressoren angemessen entgegenzutreten, werden Sie offener sein für die emotionalen Bedürfnisse Ihres Kindes. Hierdurch können Sie die Beziehung zu Ihrem Kind positiv fördern und eine unterstützende Umgebung schaffen, in der sich Ihr Kind sicher entwickeln und eine gute Selbstregulationsfähigkeit aufbauen kann.
- Auch in Konfliktsituationen werden Sie von Ihrem Kind beobachtet. Reagieren Sie also angemessen auf Konflikte und bewältigen Sie Ihre Frustration auf gesunde Weise, kann auch Ihr Kind ähnliche Konfliktlösungsstrategien erlernen. Dabei wird es verstehen, wie es in stressigen Lebenslagen ruhig und besonnen reagieren kann.

Die Fachliteratur und Psychologie sprechen bei diesem Phänomen auch von der sogenannten **Co-Regulation**. Der Begriff der Co-Regulation bezieht sich dabei auf den Prozess, bei dem Ihr Kind von Ihnen Unterstützung erhält, um seine eigenen Verhaltensweisen, Gefühle und Handlungen besser zu regulieren.

Auch wenn das Konzept der Co-Regulation allgemein nur einen geringen Bekanntheitsgrad aufweist, spielt es dennoch eine bedeutsame Rolle und ist eng mit der Selbstregulation verknüpft. Zur Verdeutlichung eine kurze Abgrenzung:

Selbstregulation vs. Co-Regulation	
Gemeinsamkeiten	**Unterschiede**
Sowohl die Selbstregulation als auch die Co-Regulation bezieht sich auf die Fähigkeit, Emotionen zu erkennen, zu verstehen und zu regulieren. Es soll ein konstruktiver Umgang mit selbigen stattfinden. In beiden Konzepten geht es um die Idee der Kontrolle. Bei der Selbstregulation geht es um die individuelle Fähigkeit, Selbstkontrolle über Emotionen und Verhalten auszuüben. Die Co-Regulation hingegen beinhaltet die Unterstützung von außen.	Die Selbstregulation bezieht sich auf die Fähigkeit, *sich selbst* zu regulieren. Die Co-Regulation hingegen ermöglicht die Regulation durch den *äußeren* Einfluss. Mit der Fähigkeit der Selbstregulation wird ein langfristiges Entwicklungsziel beschrieben, das sich bis ins Erwachsenenalter ausbildet. Die Co-Regulation hingegen bezieht sich auf die frühen Lebensjahre und dient eher als Brücke zur Selbstregulation. Die Selbstregulation ist auf das Erlernen von angemessenen Strategien zur Emotionsregulation ausgerichtet. Die Co-Regulation beschreibt hingegen einen Lehr- und Lernprozess, bei dem Erwachsene eine Strategie für die Bewältigung von Emotionen bieten. Ihr Kind wird dabei schrittweise befähigt, diese Strategien selbstständig umzusetzen.

Im Sinne der Co-Regulation fungieren Sie als Eltern demnach als „emotionale Stütze“ und helfen Ihrem Kind dabei, die eigenen Gefühle besser zu verstehen sowie zu bewältigen. Die Co-Regulation ist demnach ein wichtiger Bestandteil der Eltern-Kind-Beziehung, die dazu beiträgt, die Fähigkeit zur Selbstregulation Ihres Kindes zu verbessern.

Folgendes sollten Sie im Kontext der Co-Regulation im Hinterkopf behalten:

- Als Eltern ist es Ihre Aufgabe, sensibel auf die Signale und Bedürfnisse Ihres Kindes zu reagieren.

Beispiel:
Ist Ihr Kind beispielsweise frustriert, ist es wichtig, dass Sie ihm Trost spenden und erklären, wie es den angestauten Frust loswerden kann.

- Seien Sie emotional präsent und verfügbar. Nur so können Sie Ihrem Kind helfen, sich selbst und die damit verbundenen Gefühlslagen zu verstehen.

Beispiel:
Ist Ihr Kind traurig oder hatte es Ärger in der Schule, ist es Ihre Aufgabe, aktiv zuzuhören, einfühlsam auf die Gefühlslagen Ihres Kindes einzugehen und Ihr Mitgefühl zu äußern. Gleichzeitig aber sollten Sie gemeinsam mit Ihrem Kind überlegen, wie die Situation gelöst werden kann.

- Neben der emotionalen Verfügbarkeit sollten Sie nicht versuchen, die Gefühle Ihres Kindes abzusprechen oder zu verändern. Jedes Gefühl Ihres Kindes ist willkommen und muss akzeptiert werden. Auch wenn Sie als Eltern in einer ähnlichen Situation anders empfinden würden, sollten Sie die Gefühle Ihres Kindes anerkennen und ihm deutlich machen, dass sie in Ordnung sind. Bewerten Sie das Verhalten Ihres Kindes dabei nicht. Folgende Formulierungen können dabei helfen.

Beispiel:
„Ich verstehe, dass du traurig bist."
„Es ist vollkommen in Ordnung, wenn dich das wütend macht."
„Frust ist okay. Lass uns gemeinsam überlegen, wie du ihn loswerden kannst."

• Bei dem Erforschen gemeinsamer Lösungen ist es im Sinne der Co-Regulation wichtig, dass Sie Ihrem Kind keine spezifische Lösung aufzwingen. Vielmehr geht es darum, Ihr Kind in den Prozess der Problemlösung einzubeziehen und gemeinsam nach möglichen Lösungsansätzen zu suchen. Dieses Vorgehen fördert bei Ihrem Kind die Eigenverantwortung und steigert gleichzeitig die Selbstregulation.

Beispiel:
Kind: „Ich habe meine Hausaufgaben nicht verstanden und weiß nicht, wie ich sie lösen soll."
Eltern: „Lass uns gemeinsam die Aufgabenstellung anschauen und sehen, was wir tun können. Vielleicht nehmen wir uns die schwierigsten Aufgaben zuerst vor und machen im Anschluss eine kurze Pause, damit der Kopf für die restlichen Aufgaben wieder frei ist. Was hältst du davon?"

• Wie Sie bereits in diesem Buch gelernt haben, ist es auch wichtig, dass Ihr Kind seine Emotionen benennen kann. Hierzu benötigt es die angemessene Ausdrucksweise, die Sie mit ihm gemeinsam im Alltag üben können. Hierbei können Sie Ihr Kind im Alltag unterstützen, um ihm spielerisch die entsprechenden Vokabeln zum Ausdruck der eigenen Gefühle nahezulegen.

Beispiel:
Eltern: „Heute siehst du sehr müde aus. Ist in der Schule etwas vorgefallen?"
Eltern: „Du siehst glücklich und zufrieden aus. Ist etwas Schönes passiert?"
Eltern: „Bist du traurig? Du schaust so. Bedrückt dich etwas?"
Eltern: „Ich kann sehen, dass es dich frustriert, dass das Puzzle nicht gelingen will. Möchtest du, dass wir gemeinsam daran arbeiten?"

• Grundsätzlich ist es darüber hinaus wichtig, dass Sie im Alltag die Ruhe bewahren, auch wenn die Situation es nicht immer hergibt. Co-Regulation erfordert von Ihnen als Eltern Geduld. Jedes Kind lernt in seinem Tempo. Nur allmählich werden die eigenen Emotionen verstanden und erst dann können sie reguliert werden. Auch wenn Ihr Kind sich von diesen überwältigt fühlt, sollten Sie daher die Ruhe bewahren.

Beispiel:
Kind ärgert sich, dass ein Spiel nicht so funktioniert, wie es das gerne hätte, schmeißt sich auf den Boden und schreit.
Eltern (ruhig): „Ich sehe, dass dich gerade etwas mächtig ärgert. Meinst du, es würde helfen, wenn wir darüber sprechen, wenn es dir etwas besser geht? Ich bin da und warte auf dich."

• Für die Co-Regulation ist es außerdem wichtig, dass Sie sich selbst reflektieren. Hierzu müssen Sie sich Ihrer eigenen Reaktionen bewusst werden und verstehen, wie Ihre persönlichen Emotionen den Austausch mit Ihrem Kind beeinflussen können.

Beispiel:
Im Anschluss an eine Auseinandersetzung mit Ihrem Kind denken Sie darüber nach, warum Sie die Situation so gestresst hat. Nach reiflicher Überlegung fällt Ihnen auf, dass Sie in dieser Situation der Stress des Alltags belastet hat und Sie diesen auf Ihr Kind übertragen haben. Für die Zukunft nehmen Sie sich vor, ruhiger zu reagieren und durchzuatmen, wenn es einmal stressig wird.

Wie die Auflistung zeigt, ist es wichtig, dass Sie sich im Kontext der Co-Regulation mit echtem Interesse Ihrem Kind zuwenden. Fühlen Sie sich in seine Gefühlswelt ein und versuchen Sie, zu verstehen, warum es sich fühlt, wie es sich fühlt. Das ist wichtig, damit Co-Regulation stattfinden kann.

Gedankenexperiment:
Stellen Sie sich ein Segelboot vor, das in einen Sturm fährt. Die raue See hält das Meer unentwegt in Bewegung und das Segelboot hat keine Chance, zur Ruhe zu kommen. Erst wenn das Segelboot aus dem Sturm auf eine ruhige See trifft, kann das Segelboot zur Ruhe kommen. In diesem Gedankenexperiment stehen Sie für die ruhige See und Ihr Kind symbolisiert das Segelboot, das sich im Sturm befindet. Unterstützen Sie Ihr Kind dabei, den Sturm zu verlassen, wird es sich nicht mehr wie ein einsamer Segler auf einer wankenden See fühlen, sondern an die Ruhe, die Sie ausstrahlen, andocken und Sie als Lotsen an Bord des eigenen Bootes lassen. Auf diese Weise können Sie Ihr Kind sicher in den Hafen steuern.

Auch wenn sich dies anhand des Gedankenexperiments leicht anhört, sieht die Praxis meist wesentlich komplexer aus. Aus diesem Grund erfordert die Co-Regulation von Ihnen als Eltern nicht nur Beharrlichkeit, sondern auch Geduld, Zeit und an manchen Tagen auch starke Nerven. Machen Sie sich daher bewusst, welche Aufgaben Sie im Sinne der Co-Regulation übernehmen:

- Sie müssen die **Anzeichen** erkennen lernen, die darauf hindeuten, dass sich Ihr Kind gestresst fühlt.
- Sie sollten herausfinden, wo die **Ursachen** für den gerade vorhandenen Stress liegen.
- Sie sollten in der Lage sein, diese Ursachen zu **minimieren**.
- Helfen Sie Ihrem Kind, zu erkennen, welche **Gefühlslagen** es gerade durchlebt.
- Finden Sie gemeinsam **Strategien**, die dazu beitragen, dass Ihr Kind sich wieder ruhig und ausgeglichen fühlt.

Mit all diesen Schritten zielen Sie im Sinne der Co-Regulation darauf ab, dass sich Ihr Kind im Laufe der Zeit und seiner Entwicklung lernt, die eigenen Emotionen selbst zu regulieren. Langfristig können Sie mithilfe der Co-Regulation Ihre Bindung zu Ihrem Kind stärken und den Grundstein für eine gesunde emotionale Entwicklung legen. Es geht also nicht darum, dass Sie die Probleme Ihres Kindes lösen. Vielmehr zielt die Co-Regulation darauf ab, Ihr Kind dabei zu unterstützen, *seine eigenen* Fähigkeiten zur Selbstregulation aufzubauen, sodass Sie langfristig in der Lage sind, Ihre Unterstützung allmählich zu reduzieren.

Auf einen Blick: So kann Co-Regulation hilfreich sein:

- Bewerten Sie das Verhalten Ihres Kindes nicht.
- Geben Sie Ihrem Kind das Gefühl, mit den eigenen Emotionen nicht alleine sein zu müssen. Bieten Sie ihm Hilfe zur Bewältigung von schwierigen Situationen an.
- Seien Sie für Ihr Kind da und lassen Sie dabei vorerst mögliche Lösungsvorschläge aus.
- Gehen Sie mit der Gefühlswelt Ihres Kindes feinfühlig um und seien Sie geduldig, wenn es Ihrem Kind mit den eigenen Gefühlen gerade nicht gut geht.
- Bieten Sie in schwierigen Situationen immer wieder Körperkontakt an und gehen Sie liebevoll auf Ihr Kind ein.

ELTERN-TOOLKIT: UNTERSTÜTZUNG DER SELBSTREGULATION BEI IHREM KIND

In diesem Kapitel erhalten Sie ein Toolkit zur Unterstützung der Selbstregulation bei Ihrem Kind. Denn wie Sie bereits erfahren haben, spielen Sie als Eltern eine entscheidende Rolle bei der Entwicklung der Selbstregulation. Das hier dargebotene Toolkit bietet Ihnen daher Einblicke in Techniken und Ressourcen, die Sie für die Förderung einsetzen können.

Das Toolkit auf einen Blick

- Liebevolles und unterstützendes Umfeld schaffen
- Emotionale Intelligenz fördern
- Rituale, Routinen und Regeln finden
- Grenzen setzen & richtig kommunizieren

Im Fokus: Das Umfeld – eine liebevolle Umgebung schaffen

Um gute Voraussetzungen für Ihr Kind zu schaffen, ist es in erster Linie wichtig, dass Sie ein liebevolles und unterstützendes **Umfeld** schaffen, in dem sich Ihr Kind entwickeln kann. Für die Entwicklung der Selbstregulationsfähigkeit ist das eine wesentliche Voraussetzung. Fühlt sich Ihr Kind emotional wohl und sicher, kann es die eigenen Emotionen besser erkennen und verstehen sowie im Anschluss daran angemessen reagieren.

Darüber hinaus baut ein liebevolles Umfeld außerdem **Vertrauen** auf. Ihr Kind fühlt sich bedingungslos geliebt und akzeptiert. Auf der Basis dieses Vertrauens wird sich Ihr Kind trauen, sich Ihnen zu öffnen, wenn es vor bestimmten Herausforderungen steht, die es alleine nicht bewältigen kann.

Neben diesen Aspekten fördert eine sichere Umgebung die **emotionale Gesundheit** Ihres Kindes. Es lernt, seine Gefühle zu akzeptieren, und wird mit der Zeit in der Lage sein, diese angemessen auszudrücken. Langfristig wirkt sich dies positiv auf die psychische Gesundheit aus.

Wächst Ihr Kind behütet und sicher auf, wird es in der Lage sein, mit belastenden Situationen besser umzugehen. Dies führt im Verlauf der Entwicklung zur Herausbildung von gesunden **Bewältigungsstrategien**, die auch im späteren Verlauf des Lebens wichtig sind.

Auch die **soziale Kompetenz** wird durch ein liebevolles und sicheres Zuhause verbessert. Das liegt vor allem daran, dass Ihr Kind durch sein Umfeld den einfühlsamen Umgang mit seinen Mitmenschen lernen und Konflikte zielgerichteter und positiver lösen wird.

Die Anerkennung und Wertschätzung, die Ihr Kind durch Sie erfährt, tragen dabei vor allem zur Steigerung des **Selbstwertgefühls** bei. Langfristig wird das Ihr Kind dazu ermutigen, an die eigenen Fähigkeiten zu glauben und auf sein Können zu vertrauen.

Tipps & Tricks für ein liebevolles und unterstützendes Umfeld:

- Zeigen Sie in allen Situationen mit Ihrem Kind Liebe und Akzeptanz. Vermitteln Sie Ihrem Kind das Gefühl, dass es bedingungslos geliebt wird, dass Sie immer für es da sind und es auf seinem Weg begleiten und unterstützen.
- Hören Sie Ihrem Kind aktiv zu und nehmen Sie sich für jede Unterhaltung Zeit. Unterbrechen Sie es nicht, wenn es seine Gedanken und Gefühle schildert. Urteilen Sie nicht über das Gesagte und teilen Sie Ihre eigenen Erfahrungen mit den eigenen Gefühlen mit Ihrem Kind.
- Versuchen Sie, sich in die Lage Ihres Kindes zu versetzen, und verstehen Sie, warum es fühlt, wie es fühlt.
- Schaffen Sie eine stabile Umgebung und integrieren Sie Rituale und Routinen sowie Regeln in Ihren Alltag mit Ihrem Kind. Diese bieten Ihrem Kind die nötige Sicherheit, die es zum Aufwachsen benötigt.
- Seien Sie nicht nur liebevoll, sondern auch konsequent. Setzen Sie Grenzen, damit Ihr Kind lernt, sich angemessen zu verhalten.
- Loben und bestärken Sie Ihr Kind für seine Erfolge und Bemühungen. Konzentrieren Sie sich dabei ausschließlich auf die Fortschritte und nicht auf die Schwächen.
- Nehmen Sie sich bewusst Zeit für Ihr Kind und unternehmen Sie gemeinsam etwas. Hierzu eignen sich beispielsweise Spiele, Gespräche oder sonstige gemeinsame Aktivitäten. Dieses Vorgehen stärkt die Bindung zu Ihrem Kind.
- Seien Sie geduldig und zeigen Sie Verständnis für die Gefühle Ihres Kindes.
- Ermutigen Sie Ihr Kind, über seine Emotionen zu sprechen, und zeigen Sie selbst dieses Verhalten, indem Sie Ihre Emotionen (sofern angemessen) mit Ihrem Kind teilen.

Da ein liebevolles und sicheres Umfeld den Schlüssel zur Förderung der **emotionalen Intelligenz – welche nachfolgend näher erläutert wird –** und damit auch zur Selbstregulation darstellt, legt es auch den Grundstein für die gesamte Entwicklung Ihres Kindes.

Die emotionale Intelligenz fördern

Definition: Emotionale Intelligenz
Mit dem Begriff der emotionalen Intelligenz wird die Fähigkeit bezeichnet, die eigenen Emotionen sowie die Gefühle anderer wahrzunehmen. Dabei geht es allgemein darum, wie wir mit uns selbst und auch mit anderen umgehen. Auch das Verstehen von Gefühlen wird mit dem Begriff der emotionalen Intelligenz beschrieben.

Beispiel für die Verbindung von Selbstregulation & emotionaler Intelligenz:
Sie sind Eltern eines Teenagers namens Tom. In letzter Zeit bemerken Sie häufiger, dass die Laune von Tom, anders als sonst, sehr bedrückt ist. Er ist leicht gereizt, zieht sich zurück und Sie kommen kaum noch an ihn ran.
Würden Sie in diesem Fall mit der emotionalen Intelligenz arbeiten, sähe dies wie folgt aus:

Zunächst beobachten Sie Ihren Sohn und bemerken, dass sich sein Verhalten verändert hat. Anschließend geben Sie sich Mühe, sich in Toms Lage zu versetzen. Sie wissen, dass Tom als Teenager viele Herausforderungen durchläuft, und versuchen, sich daran zu erinnern, wie diese Zeit für Sie war. Bevor Sie dazu übergehen, das Gespräch mit Tom zu suchen, befassen Sie sich mit Ihren eigenen Gefühlen zu dieser Situation, damit diese keinen Einfluss auf Ihre Unterhaltung nehmen. Im Anschluss suchen Sie liebevoll und einfühlsam das Gespräch mit Tom und geben ihm die Möglichkeit, offen über seine Sorgen zu sprechen. Dabei hören Sie Ihrem Sohn aufmerksam zu und unterbrechen ihn nicht. Stattdessen versuchen Sie, ihn zu verstehen. Nachdem Tom seine Situation geschildert hat, können Sie gezielt Unterstützung anbieten. Sollte Tom nicht bereit sein, diese anzunehmen, respektieren Sie seine Grenzen und betonen, dass Sie jederzeit für ihn da sind, sofern er dies in Anspruch nehmen möchte.

Folgende Schwierigkeiten könnten im Umgang mit Tom auftreten:
Gerade im Umgang mit Teenagern ergeben sich zwischen Eltern und Kindern immer wieder Schwierigkeiten, die es zu bewältigen gilt. Vor allem die korrekte Interpretation des Verhaltens von Tom kann eine Herausforderung darstellen. Oftmals fällt es schwer, herauszufinden, ob es sich um pubertäre Stimmungsschwankungen oder aber tieferliegende Probleme handelt. Darüber hinaus ist es für viele Eltern schwer, sich emotional in die Lage ihres Kindes zu versetzen. Oftmals liegt die eigene Jugend lange zurück und Sie selbst waren vielleicht sogar mit völlig anderen Problemen konfrontiert als Ihre Kinder.

Viele Eltern zeigen sich im Umgang mit ihren Kindern im Teenager alter besorgt. Dies zeigt sich jedoch nicht in einfühlsamem Verhalten und unterstützenden Gesprächen. Vielmehr neigen einige Eltern dazu, ihre Sorgen nicht zu artikulieren, wodurch sie vom Gegenüber nicht verstanden werden können.

Sollte Tom nicht bereit sein, über sein Befinden zu sprechen, kann dies im Austausch mit ihm auch zu Schwierigkeiten führen; gerade, wenn es darum geht, eine vertrauensvolle und offen gestaltete Kommunikation aufzubauen.

Für Sie als Eltern könnte es eher frustrierend wirken, wenn Tom das von Ihnen unterbreitete Gesprächsangebot ausschlägt. Respektieren Sie in diesem Fall die Entscheidung Ihres Kindes und seien Sie geduldig.

Zum besseren Verständnis des Beispiels:
Anhand des Beispiels konnten Sie bereits erahnen, dass die Förderung der emotionalen Intelligenz Ihnen als Werkzeug dient, die Fähigkeiten zur Selbstregulation bei Ihrem Kind zu fördern. Dies liegt vor allem darin begründet, dass die Fähigkeit zur emotionalen Intelligenz für die Entwicklung Ihres Kindes entscheidend ist. Emotional intelligente Kinder reifen zu Erwachsenen heran, die in der Lage sind, Probleme zu erkennen sowie diese selbstständig zu lösen. Darüber hinaus beeinflusst eine gut ausgebildete emotionale Intelligenz die Gesundheit positiv und sorgt für ein besseres Glücksempfinden. Nicht zuletzt unterstützt die emotionale Intelligenz Ihr Kind dabei, richtig zu kommunizieren, wodurch es in der Lage sein wird, beständige und harmonische Beziehungen zu führen. Unterstützen Sie Ihr Kind dabei, die Fähigkeiten zur emotionalen Intelligenz zu entwickeln, helfen Sie ihm, mit der immer komplexer werdenden Welt umzugehen und belastbarer zu sein.

Darüber hinaus dient die Ausbildung der emotionalen Intelligenz als Werkzeug, um die Fähigkeiten zur Selbstregulation weiter auszubilden. Emotional intelligente Kinder sind besser in der Lage, Gefühle zu erkennen und zu benennen. Dies führt in der Folge dazu, dass Ihr Kind lernt, mit den eigenen Gefühlen umzugehen.

Wollen Sie die Fähigkeit zur Empathie bei Ihrem Kind fördern und zur Ausbildung der emotionalen Intelligenz beitragen, können Sie exemplarisch die folgenden Fragen stellen:

- __________ (Name des Kindes) ist traurig. Siehst du das? Weißt du, warum sie weint?
- Schau mal, ____________ (Name des Kindes) sieht wütend aus. Hast du eine Idee, was ________________ (Name des Kindes) wütend gemacht haben könnte?

- Du bist so aufgeregt. Kannst du versuchen, mir zu erklären, warum das so ist? Ich möchte dich besser verstehen.
- ...

Folgende Aussagen hingegen sollten Sie lieber vermeiden, da diese weder die Empathie noch die Fähigkeiten zur emotionalen Intelligenz befördern:

- Sei nicht so und stell dich nicht so an. Es gab jetzt keinen Grund für Tränen oder Wut.
- Du musst nicht weinen. Es war gar nicht so schlimm.
- So wie du dich verhältst, ist das echt lächerlich. Es gibt keinen Grund für deine Aufregung. Also lass es.
- ...

Tipp:
Zeigen Sie für alle Gefühlslagen Ihres Kindes Verständnis und helfen Sie ihm dabei, seine Gefühle zu ertragen. Strafen Sie nicht und kritisieren Sie auch nicht die Empfindungen Ihres Kindes. Halten Sie außerdem das Alter Ihres Kindes im Blick und vergessen Sie nicht, dass jedes Kind ein Individuum ist.

Damit Empathie und emotionale Intelligenz bei Ihrem Kind gelingen, ist das aktive Zuhören eine wichtige Komponente. Das **aktive Zuhören** gehört zu den Kernkompetenzen in Ihrem Toolkit. Diese Fähigkeit ist wichtig, um auf die Gefühle Ihres Kindes eingehen zu können. Wollen Sie *aktiv zuhören*, sind dabei folgende Punkte relevant:

- Halten Sie Augenkontakt und achten Sie auf Ihre Körperhaltung. Schaffen Sie im Austausch mit Ihrem Kind eine offene und einladende Atmosphäre, in der Sie sich auf Augenhöhe begegnen können. Auf diese Weise können Sie Ihrem Kind klarmachen, dass Sie aufmerksam seinen Erläuterungen lauschen.
- Zeigen Sie durch Nicken, Lächeln oder das mündliche Zustimmen, dass Sie ein wirkliches Interesse am Gesagten haben.
- Hat Ihr Kind seine Erläuterungen ausgeführt, warten Sie einen Moment ab, bevor Sie antworten. Ermöglichen Sie Ihrem Kopf, die Worte zu verarbeiten und darüber nachzudenken.
- Wiederholen Sie mit Ihren Worten, was Ihr Kind gesagt hat, und stellen Sie auf diese Weise sicher, dass Sie das Gesagte verstanden haben.
- Stellen Sie Fragen, aber überfordern Sie Ihr Kind damit nicht.
- Unterbrechen Sie Ihr Kind nicht und verurteilen Sie seine Gedanken nicht.
- Seien Sie geduldig und geben Sie Ihrem Kind Zeit, um sich auszudrücken.

Rituale, Routinen und Regeln finden & festlegen

Rituale, Routinen und Regeln sind für Ihr Kind aus mehreren Gründen von zentraler Bedeutung. Sie vermitteln Ihrem Kind durch die wiederkehrenden Abläufe Sicherheit, Vorhersehbarkeit, Kontinuität und schaffen dadurch eine Struktur, die Ihrem Kind hilft, die Welt um sich herum besser zu verstehen. Darüber hinaus verhelfen sie zu emotionaler Stabilität und dadurch helfen Rituale, Regeln und Routinen nicht zuletzt dabei, die Selbstregulation zu entwickeln und die eigenen Impulse besser zu regulieren. Sie sind daher essenzielle Hilfsmittel, die Sie nutzen können, um Ihrem Kind eine gesunde Entwicklung zu ermöglichen.

Beispiele für Rituale

- **Guten-Morgen-Ritual:** Eine besondere Begrüßung am Morgen, bei dem Sie Ihr Kind liebevoll wecken. Hier können Sie außerdem das Zähneputzen, Anziehen und Frühstücken integrieren.
- **Sorgenpüppchen:** Damit Ihr Kind seine Sorgen nicht den ganzen Tag mit sich herumtragen muss, können Sie das Sorgenpüppchen einführen. Das Sorgenpüppchen dient dazu, die belastenden Gedanken Ihres Kindes aufzunehmen. So können Sie beispielsweise einführen, dass Ihr Kind seinem Sorgenpüppchen und Ihnen am Abend erzählt, was es auf dem Herzen hat. Die Sorgen verschwinden dann im Anschluss zusammen mit dem Sorgenpüppchen unter dem Kopfkissen. Möchte Ihr Kind Ihnen diese Sorgen einmal nicht erzählen, kann es sich so jederzeit dem Sorgenpüppchen anvertrauen.
- **Anziehstraße:** Tut sich Ihr Kind am Morgen besonders schwer, die richtige Kleidung zu finden, können Sie sich auf eine Anziehstraße einigen. Hierzu wird am Vorabend die Kleidung bestimmt, die am kommenden Tag getragen werden soll. Die ausgewählte Kleidung wird im Anschluss in Form einer Straße ausgelegt, sodass Ihr Kind weiß, welche Kleidungsstücke nacheinander angezogen werden sollen.
- **Wunschtraumritual:** Am Abend erzählen Sie Ihrem Kind, wovon Sie träumen möchten. Im Anschluss darf es Ihnen erzählen, was sein Wunschtraum ist. Hierzu können Sie sich gemeinsam kleine Geschichten überlegen, in denen Sie sich gemeinsam im Traumland verabreden. Vielen Kindern fällt es auf diese Weise leichter, in den Schlaf zu finden.
- **Abendritual:** Als Abendritual eignet sich beispielsweise das gemeinsame Lesen einer Geschichte oder das Singen eines Schlafliedes.
- **Wutschlange:** Sollte Ihr Kind mit seiner Wut überfordert sein, kann die Wutschlange eine gute Möglichkeit sein, um die innere Wut loszuwerden. Hierzu holen Sie die Wutschlange (oder alternativ ein Kissen) hervor. Die Wutschlange (oder auch das Kissen) nimmt es nicht böse auf, wenn sie genutzt wird, um die Wut körperlich daran auszulassen. Auf diese Weise kann

die Wut den Körper Ihres Kindes verlassen und die negativen Gefühle verschwinden. Aber Achtung: Hier sollte dem Kind klar kommuniziert werden, dass diese Art der Befreiung von der Wut ausschließlich mit der Wutschlange möglich ist und im Austausch mit Freunden andere Regeln herrschen.

- **Das Kriegsbeil begraben:** Wenn Sie mit Ihrem Kind häufiger in Konflikt geraten, können Sie sich gemeinsam mit ihm überlegen, wie Sie die negativen Gefühle wieder loswerden. Hier eignet sich beispielsweise das Ritual „Das Kriegsbeil begraben". Was bereits im Wilden Westen wirksam war, wird auch bei Ihnen und Ihrem Kind wahre Wunder wirken. Suchen Sie sich für die Durchführung gemeinsam einen Stock und begraben Sie diesen als Zeichen dafür, dass Ihr Streit und damit die negativen Gefühle füreinander vorüber sind. So lässt sich der Rest des Tages meist leichter bestreiten.
- **Einen Orden verleihen:** Für ganz besondere Leistungen können Sie Ihrem Kind einen Orden verleihen, um ihm zu signalisieren, dass es etwas ganz besonders gut gemacht hat. Hierzu können Sie gemeinsam füreinander Medaillen vorbereiten, die Sie immer wieder griffbereit haben, um die Wertschätzung füreinander auszudrücken. Auf diese Weise kann sich Ihr Kind beim Anblick der Medaille immer wieder an Ihre Wertschätzung erinnern und sein Selbstwertgefühl wird bestärkt.
- **Komplimente verschenken:** Am Morgen können Sie mit Ihrem Kind positiv in den Tag starten, indem Sie Ihre Verbundenheit und Zuneigung durch das gegenseitige Verschenken von Komplimenten ausdrücken. Hierzu sagen Sie sich jeweils, was Sie am anderen besonders mögen. Das stärkt Ihre Verbindung zueinander.
- **Das Essen einläuten:** Das gemeinsame Einnehmen von Mahlzeiten ist für den Austausch miteinander wichtig. Um dieser besonderen Zeit gerecht zu werden, können Sie diese mit einer Glocke oder einem Gong einläuten, um Ihrem Kind zu signalisieren, dass nun die gemeinsame Zeit beginnt.

Beispiele für Regeln

- Pünktlichkeit
- feste Aufräumtage, an denen das Kind sein Zimmer in Ordnung bringen soll
- Ehrlichkeit
- Höflichkeit
- sorgfältiger Umgang mit dem eigenen Eigentum
- technikfreie Stunde am Tag
- feste Familienzeit

Beispiele für Routinen

- **Schulaufgaben-Routine:** Nach der Schule gibt es einen fest geregelten Ablauf, an dem sich Ihr Kind bei der Erledigung der Schulaufgaben orientieren kann.
- **Essensroutine:** Am Abend wird das Abendessen gemeinsam mit der Familie eingenommen.
- **Medien- und Bildschirmzeit-Routine**: Zur Nutzung von Medien sollten Sie für Ihr Kind eine feste Zeit festlegen. So gibt es keine Diskussionen darüber und Ihr Kind kann sich im Alltag besser orientieren.
- **Gemeinsames Vorbereiten der Frühstücksbox**: Am Abend können Sie gemeinsam mit Ihrem Kind die Frühstücksbox vorbereiten. Nutzen Sie diese Zeit für den gemeinsamen Austausch und schöne Gespräche, bei denen Sie sich gegenseitig vom Tag erzählen.
- **Pausenzeit im Garten**: Damit Ihr Kind nicht ohne Pause an der Erledigung seiner Hausaufgaben arbeitet, können Sie sich in der Pausenzeit auf ein kleines Picknick im Garten verabreden. Im Winter eignet sich hier auch der Wohnzimmerboden. Diese kurze Pause ermöglicht es Ihrem Kind, neue Kraft zu tanken und seine Konzentration neu zu fokussieren.
- **Vergiss-Nicht-Zettel**: Damit Ihr Kind immer an alles Wichtige (zum Beispiel für die Schule) denkt, können Sie einen Vergiss-nicht-Zettel nutzen. Auf diesem Zettel notieren Sie dringende Sachen, die Ihr Kind beim Verlassen des Hauses am nächsten Morgen nicht vergessen sollte. Damit Ihr Kind diesen Zettel auch sieht, platzieren Sie ihn an der Türklinke. Auf diese Weise stellen Sie sicher, dass der Zettel nicht übersehen wird.
- **Den Abend einläuten**: Damit Ihr Kind sich auf den bevorstehenden Abend einstellen kann, können Sie den Abend spielerisch mit einem akustischen Signal versehen. Das kann das Klingeln einer Glocke, ein bestimmter Song, den Sie beide mögen, oder aber ein anderes akustisches Signal sein. Nach dem Erklingen des Signals lesen Sie gemeinsam eine Geschichte oder üben sich in einer kurzen gemeinsamen Yogaeinheit, bei der Ihr Kind zur Ruhe finden und sich auf das Schlafen vorbereiten kann.

Grenzen setzen mit richtiger Kommunikation

Neben den bereits benannten Aspekten spielt auch das Setzen von Grenzen eine wichtige Rolle bei der Entwicklung der Selbstregulationsfähigkeit. Dieses Vorgehen ist entscheidend für die emotionale Sicherheit und Stabilität Ihres Kindes. Folgenden Leitfaden können Sie hierbei beachten:

- Kommunizieren Sie klar. Erklären Sie die von Ihnen gewünschten Regeln deutlich. Nutzen Sie hierzu eine Sprache, die auch für Ihr Kind verständlich ist.
- Begründen Sie, weshalb Sie auf bestimmte Regeln bestehen. So hat Ihr Kind die Gelegenheit, zu verstehen, weshalb diese Regeln für Ihren gemeinsamen Alltag wichtig sind.
- Seien Sie empathisch und zeigen Sie Verständnis für die Emotionen Ihres Kindes. Setzen Sie dennoch klare Grenzen.

Beispiel:

Ich weiß, dass du gerne länger aufbleiben möchtest, damit du morgen früh aber nicht so müde bist und in der Schule gut mitkommst, ist es wichtig, dass du genug schläfst.

- Wenn Regeln nicht eingehalten werden, sollte dies klare Konsequenzen haben. Diese Konsequenzen sollten im Vorfeld erläutert werden, damit Ihr Kind diese verstehen kann.
- Loben Sie Ihr Kind, sofern es sich an Regeln hält, und verstärken Sie sein Verhalten.
- Lassen Sie Ihr Kind beim Festlegen von Regeln mitwirken. Auf diese Weise fühlt es sich an diesem Prozess beteiligt und ist mit weniger Widerstand bereit, die von Ihnen festgelegten Regeln zu akzeptieren.
- Achten Sie darauf, dass Sie Regeln positiv formulieren.

Beispiel:

Positive Formulierung:	Negative Formulierung
Wir gehen achtsam mit unseren Spielsachen um.	Du darfst deine Spielsachen nicht kaputt machen.

Weitere Tools

Darüber hinaus können Sie Ihre Eltern-Kind-Beziehung und die Fähigkeit zur Selbstregulation mit folgenden Eltern-Kind-Aktivitäten fördern:

- **Atemübung**: Setzen Sie sich mit Ihrem Kind hin und führen Sie gemeinsam eine Atemübung durch. Bringen Sie Ihrem Kind bei, langsam und ruhig zu atmen, und signalisieren Sie ihm, dass es diese Übung nutzen kann, wenn es in Stress gerät.
Eine Audiodatei zu dieser Übung finden Sie im Bonus.

- **Gefühls-Tagebuch**: Unterstützen Sie Ihr Kind dabei, ein Gefühlstagebuch zu führen. In diesem können Sie gemeinsam seine Gefühle festhalten. Zu regelmäßigen Zeitpunkten verabreden Sie sich und sprechen über die festgehaltenen Emotionen. Dieses Vorgehen fördert die emotionale Selbstwahrnehmung und trägt dazu bei, dass Ihr Kind die eigenen Gefühle besser erkennen und benennen kann. Hierbei wird bereits der erste Grundbaustein für die Ausbildung der emotionalen Intelligenz gelegt. Darüber hinaus lernt Ihr Kind, seine Gefühle in einem sicheren Raum zu äußern und diese zu reflektieren. Hilfreich ist dies vor allem für die Verarbeitung von negativen Gefühlen.
Eine Vorlage zum Ausdrucken für ein Stimmungstagebuch finden Sie im Bonus.

- **Meditationen**: Führen Sie mit Ihrem Kind kindgerechte Meditationen durch. Diese helfen Ihrem Kind dabei, innere Ruhe und Achtsamkeit zu fördern.
Beispielmeditationen als Audiodateien finden Sie im Bonus (Ein gutes Gefühl, In wundersamer Höhe und In allen Farben).

- **Gemeinsames Kochen**: Kochen Sie gemeinsam mit Ihrem Kind. Während des Kochens tauschen Sie sich über die Zutaten aus und darüber, wie diese zusammenarbeiten, damit ein leckeres Gericht entsteht. Durch das gemeinsame Kochen mit Ihrem Kind fördern Sie die Geduld und Ausdauer Ihres Kindes. Es lernt, zu verstehen, dass viele Dinge für die Fertigstellung Zeit benötigen, wodurch sowohl die Selbstkontrolle als auch die Fähigkeit zur Selbstregulation weiter ausgebildet werden. Darüber hinaus lernt Ihr Kind durch die Übernahme von einzelnen Aufgaben im Kochprozess, auf die eigenen Fähigkeiten zu Vertrauen sowie im Team zusammenzuarbeiten. Probieren Sie sich doch gemeinsam einmal an der Burrito-Überraschung!

BURRITO-ÜBERRASCHUNG

4 Port.

20 Min.

Leicht

Zutaten

150 g Kidneybohnen
150 g Gouda (gerieben)
25 g Butter
50 ml Sahne
6 Eier
4 Tortillas
½ Bund Frühlingszwiebeln
½ Bund Koriander
Salz + Pfeffer

Zusätzlich wird benötigt:
1 Pfanne mit Deckel
1 Sieb
1 Schüssel
1 ofenfeste Form
Backofen

Nährwerte p. P.

507 kcal
27 g Kohlenhydrate
32 g Fett
27 g Eiweiß

1 Frühlingszwiebeln waschen und in dünne Ringen schneiden. Diese in der Pfanne in der zerlassenen Butter unter stetem Rühren kurz andünsten. Die Bohnen im Sieb abspülen und abtropfen lassen. Diese anschließend zu den Zwiebelringen in die Pfanne geben.

2 Die Eier aufschlagen und in der Schüssel verquirlen. Den Koriander waschen, trocken schütteln und fein hacken. Diesen mit der Sahne und den Eiern gut vermengen. Die Ei-Mischung in die Pfanne geben und unter regelmäßigem Rühren langsam stocken lassen.

3 Den Käse in die Pfanne geben. Diesen bei geschlossenem Deckel schmelzen lassen. Danach das Ganze salzen und pfeffern. Derweil den Backofen auf 170 Grad Celsius vorheizen.

4 Die Tortillas mit Wasser einstreichen. Danach die Ei-Käse-Mischung mittig auf den Maisfladen aufstreichen. Anschließend die Tortillas einrollen, in die Ofenform legen und etwa fünf Minuten im Ofen backen.

Alternativen: Burritos können ebenso lecker mit einer scharfen Hackfleischvariante samt Mais und Salat gefüllt werden. Als vegane Variante funktioniert ebenso eine Feta-Avocado-Paprika-Version. Außerdem stehen Burrito-Optionen mit Hühnchen sowie Spiegelei oder auch gezupftem (Rind-) Fleisch mit in Sesamöl gebratenen Erdnüssen.

Mit den in diesem Kapitel vorgestellten Tools wird es Ihnen gelingen, eine tiefere Verbindung mit Ihrem Kind einzugehen und die Selbstregulationsfähigkeit Ihres Kindes zu fördern. Achten Sie bei der Auswahl der Tools darauf, dass diese dem Entwicklungsstand Ihres Kindes angemessen sind, und wählen Sie die Aktivitäten so, dass sie den Interessen Ihres Kindes entsprechen.

Toolbox – Hilfreiche Tipps für die Emotionsregulation bei Kindern

- Für die gelingende Emotionsregulation bei Ihrem Kind gilt: Seien Sie ein Vorbild! Ihr Kind lernt in erster Linie durch Nachahmung. Es sucht sich Vorbilder, anhand derer es lernt. Aus diesem Grund ist es wichtig, dass Sie darauf achten, wie Sie sich verhalten, wenn Sie beispielsweise traurig oder frustriert sind.
- Benennen Sie dabei auch Ihre eigenen Emotionen. Das kann Ihrem Kind dabei helfen, auch seine eigenen Gefühlszustände besser zu ergründen. Damit Emotionen reguliert werden können, ist es zunächst wichtig, dass diese bewusst wahrgenommen werden.
- Geben Sie Ihrem Kind Raum für die eigenen Emotionen. Warten Sie ab, bis die Welle der Gefühle vorüber ist und sich Ihr Kind wieder beruhigt. Sofern sich Ihr Kind noch nicht selbst beruhigen kann, können Sie ihm Ihre Unterstützung anbieten.
- Besprechen Sie hierzu mit Ihrem Kind, wie es mit seinen Gefühlen in bestimmten Situationen umgehen kann. Ist Ihr Kind noch etwas jünger, können Sie darüber hinaus Strategien vorgeben.

Emotionsregulation im Alltag Teil 1: Konkrete Situationen für Übungen nutzen

Damit Ihr Kind lernt, mit den eigenen Gefühlen umzugehen und diese sinnvoll und angemessen zu regulieren, können Sie es auch im Alltag in konkreten Situationen durch verschiedene Übungen unterstützen. Welche sich hier genau eignen, um ein gewisses Maß an Stressbewältigungsfähigkeiten zu entwickeln, erfahren Sie im Rahmen dieses Kapitels.

Bevor wir zu den Übungen übergehen, stellen Sie sich Folgendes vor:

Sie sind spät dran und kurz bevor Sie Ihr Kind in der Schule abliefern wollen, verhakt sich beim Anziehen der Jacke der Reißverschluss im Stoff der Jacke Ihres Kindes. Für Sie mag das als eine Banalität erscheinen, Ihr Kind hingegen kann diese Situation stark herausfordern. In diesem Moment wird es von einer Flut an Emotionen überschwemmt, gegen die es alleine möglicherweise nicht ankommt. Diese Situation kann dazu führen, dass Ihr Kind in eine Art Ohnmacht verfällt, die mit Schreien, Schimpfen oder gar einem Tobsuchtsanfall endet.

Wenn auch Sie sich in dieser Situation wiederfinden, sind Sie damit nicht allein. Solche Situationen gehören zum Alltag vieler Eltern. Begründet liegen sie häufig in der Tatsache, dass Kinder durch eine fehlende Fähigkeit zur Selbstregulation nicht selten von den eigenen Gefühlen übermannt werden und diesen nichts entgegenzusetzen haben. Das Ergebnis: eine Art Kurzschluss, der Ihnen als Eltern einen ersten Hinweis darauf liefert, dass Ihr Kind in dieser Situation mit seinen Gefühlen vollständig überfordert ist.

Während Sie als Erwachsener in der Lage sind, die Flut Ihrer Gefühle zu managen und mit diesen umzugehen, auch wenn sie negativ sind, steckt Ihr Kind noch in einem Lernprozess fest, bei dem all diese Prozesse, die Sie bereits verinnerlicht haben, noch erlernt werden müssen. Erwachsene greifen hierbei auf ein Repertoire sogenannter **exekutiver Funktionen** zurück. Diese umschreiben nichts anderes als die Fähigkeit zur Selbstregulation und **Impulskontrolle**.

Definition: Impulskontrolle

Die Impulskontrolle beschreibt die Fähigkeiten einer Person, die eigenen Impulse sowie spontane Handlungsweisen zu unterbinden. Sie ist vor allem bei impulsiven Entscheidungen und Verhaltensweisen wichtig, um negative Konsequenzen zu vermeiden. Sind Sie in der Lage, Ihre Impulse zu kontrollieren, ermöglicht dies Ihnen eine rationale Denkweise und trägt dazu bei, dass Sie Ihre Ziele verfolgen können. Die Fähigkeit zur Ausbildung der Impulskontrolle kann vor allem durch die Anwendung von Selbstregulationstechniken verbessert werden. Sie ist daher ein wichtiger Bestandteil der Selbstregulation.

Beispiel:
Lia ist sechs Jahre alt. Gerade ist sie mit ihrer Mutter in der Innenstadt unterwegs. Wie bei jedem Einkauf kreuzen Lia und ihre Mutter dabei verschiedene Spielzeugläden. Eines der Schaufenster spricht Lia mit seinen bunten Spielzeugen besonders an. Sie bleibt fasziniert vor dem Schaufenster stehen und bestaunt die unterschiedlichen Spielzeuge. Dabei fällt ihr ein riesiger Plüschteddybär besonders ins Auge. Es ist der Teddybär aus ihrem liebsten Kinderbuch. Mit aller Macht versucht sie, ihre Mutter vom Kauf des Teddybären zu überzeugen. Sie kann spüren, dass sie mit jeder Minute aufgeregter wird. Ihr Herz pocht. Nochmals fleht sie ihre Mutter an, ihr den Bären zu kaufen. Schon beim Stellen der Frage weiß Lia allerdings, dass ihre Mutter ihr den Bären nicht kaufen wird, da sie zuhause bereits eine ganze Sammlung an kuscheligen Freunden vorfindet. Wenn auch etwas enttäuscht, gibt Lia also nach und zieht mit ihrer Mutter weiter vorbei am Schaufenster des Spielzeugladens, ohne Teddybär.

Folgende Kompetenzen gehören dabei zur Impulskontrolle und wirken sich indirekt auf die Fähigkeit zur Selbstregulation aus:

Reaktionshemmung

Die Reaktionshemmung wird auch als *Inhibition* beschrieben und trägt dazu bei, dass Sie im Alltag nicht impulsiv reagieren. Sie sorgt dafür, dass Sie vor wichtigen Entscheidungen nachdenken und Ihre Reaktionen angemessen vorbringen.

Beispiel:
Tim spielt gerne mit seinem Freund Computerspiele. Heute hat Max ein neues mitgebracht, das er mit Tim spielen möchte. Lange sitzen die beiden vor dem Bildschirm – bis zu dem Zeitpunkt, an dem Tim einfällt, dass er nicht so lange vor dem Bildschirm sitzen soll, weil es ihm nicht guttut. Das hat ihm seine Mutter beigebracht.

Das Aufhören fällt Tim heute aufgrund der Spannung im Spiel besonders schwer. Mit viel Anstrengung und Mühe gelingt es ihm aber trotzdem, das Spiel mit Max zu beenden.

Arbeitsgedächtnis

Mithilfe des Arbeitsgedächtnisses werden Informationen aufgenommen, verstanden sowie verarbeitet. Hier werden außerdem die eigenen Handlungen geplant. Die Verantwortung für den bewussten Umgang mit Emotionen liegt daher im Arbeitsgedächtnis.

Beispiel:
Simon ist heute mit seinem Freund Timon verabredet. Die beiden gehen in die fünfte Klasse. Bis zur Verabredung hat Simon noch etwa zwei Stunden und noch eine Menge Hausaufgaben, die es zu erledigen gilt. Während er diese Aufgaben bearbeitet, fällt ihm ein, dass auch noch ein wichtiges Projekt im Deutschunterricht ansteht, um das er sich kümmern muss. Gleichzeitig weiß er, dass er zunächst eine Aufgabe beenden muss, bevor er eine neue beginnt. Also schließt Simon zunächst die Matheaufgaben ab und setzt sich dann vor dem Treffen mit Timon noch an das anstehende Deutschprojekt und erstellt sich eine erste Struktur für die Lösung der Aufgaben.

Aufmerksamkeit

Durch den Einsatz der Aufmerksamkeit sind Sie in der Lage, sich von unangenehmen Emotionen zu befreien und Ihre Aufmerksamkeit wieder schöneren Dingen zuzuwenden. Sie hilft Ihnen somit dabei, negative Gefühle zu überwinden.

Beispiel:
Luisa geht in die achte Klasse. Am heutigen Tag wollte Luisa mit ihrer Klasse in den Freizeitpark. Als sie aufsteht, stellt sie fest, dass es regnet und der Ausflug wohl ins Wasser fällt. Das frustriert sie zunächst. Sie ist traurig, dass sie nicht gemeinsam mit ihren Freundinnen die neue Achterbahn ausprobieren kann. Es dauert einen Moment und dann besinnt sie sich, sich auf die schönen Dinge zu konzentrieren. Statt eines Besuches im Freizeitpark entscheidet sich die Klasse für ein gemeinsames Frühstück, bei dem sich alle endlich einmal wieder austauschen und Zeit miteinander verbringen können.

Studien haben gezeigt, dass Kinder über die angeführten Kompetenzen zunächst einmal nicht verfügen. Diese erlernen sie im Verlauf ihres Entwicklungsprozesses erst Stück für Stück. Das Erlernen kann sich dabei bis ins Jugendalter hinein verzögern. Aus diesem Grund ist es wichtig, dass Sie auch im Alltag mit Ihrem Kind an der Emotionsregulation arbeiten. Dies gelingt Ihnen beispielsweise mithilfe der nachfolgenden Übungen.

Übung: Das Emotionsverständnis trainieren

Das benötigen Sie:

- Werbeplakate beim Spaziergang in der Innenstadt

So gehen Sie vor:
Diese Übung können Sie einfach in Ihren Alltag mit Ihrem Kind integrieren. Besonders gut funktioniert dies, wenn Sie beispielsweise mit Ihrem Kind durch die Innenstadt spazieren. Sehen Sie sich hier gemeinsam die unterschiedlichen Werbeplakate an, auf denen Personen abgebildet sind.

Im Anschluss bitten Sie Ihr Kind, zu überlegen, welche Gefühle die jeweilige Person haben könnte. Nachdem Ihr Kind Ihnen die unterschiedlichen Gefühlslagen erläutert hat, können Sie über das Gesprochene und Gesehene einen Austausch anregen, bei dem Sie Ihrem Kind im Umgang mit Emotionen eine Hilfestellung bieten.

Tipp:
Versuchen Sie, Gesichtsausdrücke zu finden, die die Basisemotionen ausdrücken. Hierzu gehören:

- Wut
- Trauer
- Ekel
- Angst
- Verachtung
- Freude
- Überraschung

Ziel der Übung
Ihr Kind soll anhand der unterschiedlichen Mimik die jeweiligen Stimmungen erkennen lernen.

Übung: Ich sehe was, was du nicht siehst

Das benötigen Sie:
Keine Hilfsmittel benötigt

So gehen Sie vor:
Um die Aufmerksamkeit Ihres Kindes von negativen Emotionen wegzulenken, können Sie es mit dem Spiel „Ich sehe was, was du nicht siehst" zurück in den Moment holen. Diese Übung weicht dabei etwas von der bereits bekannten Form des Spieleklassikers ab.

Statt Gegenstände zu benennen, leiten Sie Ihr Kind an, negative Gedanken zu umschreiben, die Sie im Nachgang erraten müssen. Haben Sie diese erraten, sind Sie an der Reihe und müssen Ihre Gefühle zur jeweiligen Situation beschreiben.

Sobald Sie das Gefühl haben, dass sich der Gefühlssturm Ihres Kindes beruhigt hat, können Sie in den Alltag zurückkehren.

Ziel der Übung:
Mithilfe dieser Übung soll Ihr Kind in einem Moment der emotionalen Aufruhr wieder zur Ruhe finden. Die Konzentration auf ein Spiel kann hierbei ein hilfreiches Werkzeug sein, mit dem sich Ihr Kind beruhigen und stressige Gedanken loslassen kann.

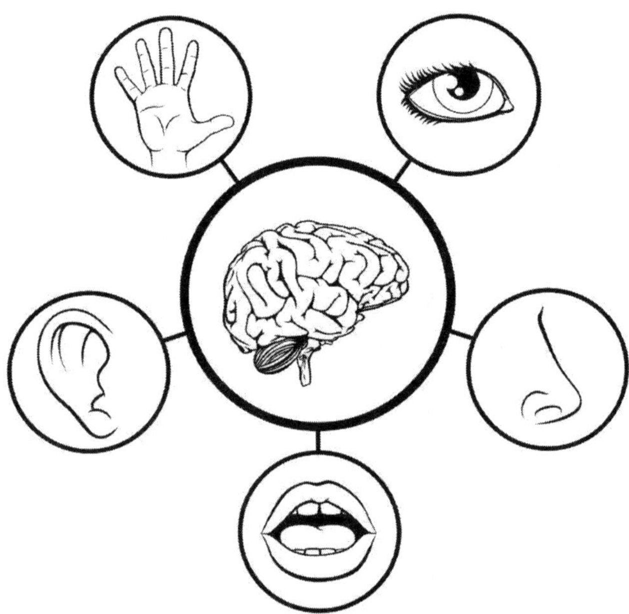

Übung: Wie fühlst du dich heute?

Das benötigen Sie:
Keine zusätzlichen Hilfsmittel nötig

So gehen Sie vor:
Planen Sie an jedem Tag eine feste Zeit ein, an dem Sie gemeinsam mit Ihrem Kind über seine Gefühle sprechen. Lassen Sie dabei auch die negativen Gefühle nicht aus.

Hinweis:
Für diese Übung eignen sich die Abendstunden besonders. So hat Ihr Kind die Möglichkeit, sich alle Sorgen von der Seele zu sprechen.

Tipp:
Sie haben die Möglichkeit, diese Übung etwas zu erweitern. Hierzu führen Sie in einem Notizbuch an jedem Tag im Anschluss an das Gespräch über die Gefühle Ihres Kindes die Dinge auf, für die es an diesem Tag dankbar war. So sorgen Sie dafür, dass Ihr Kind mit einem guten Gefühl zu Bett geht.

Folgende Beispiele können Sie Ihrem Kind zur Hilfestellung geben, um es zu eigenen Vergleichen zu animieren:

- Ich bin so aufgeregt wie ein Tornado.
- Ich bin wütend wie ein starker Löwe.
- Ich bin so müde wie ein schlafendes Faultier.
- Ich bin so ängstlich wie ein Kaninchen im Wald.
- Ich bin so stolz wie ein Bär.
- Ich bin ruhig wie ein See.
- Ich bin entschlossen wie ein Baumkletterer, der die Baumspitze erreichen will.
- Ich bin so aufgeregt wie eine Ameise.
- Ich bin so aufgeregt wie ein springender Flummi.
- Ich bin so tapfer wie ein Ritter.
- Ich bin so wütend wie ein tobender Sturm.
- Ich bin so mutig wie Mogli im Dschungel.
- Ich bin so stark wie ein feuerspuckender Drache.
- Ich bin so schüchtern wie ein Reh.

Übung: Sprechanimation für kleine Meister

Das benötigen Sie:

- einen ruhigen Raum, der störungsfrei ist
- beruhigende Hintergrundmusik
- Decken
- Kissen
- ein Buch zum Vorlesen

So gehen Sie vor:

In den ersten Lebensjahren sollten Sie viel mit Ihrem Kind sprechen. Auf diese Weise lernt Ihr Kind bereits einige Worte und ist in der Lage, diese über sein Sprechvermögen später auszudrücken. Schaffen Sie also ein kommunikatives Umfeld, leben Sie Ihrem Nachwuchs bereits vor, wie wichtig es ist, über Befindlichkeiten zu kommunizieren. Hierzu können Sie beispielsweise Ihr Handeln immer sprachlich begleiten und Ihrem Kind erklären, was Sie gerade tun. Ihr Kind muss dabei lediglich zuhören. Achten Sie dabei auch darauf, dass Sie auf Augenhöhe mit Ihrem Kind sprechen. Wichtig ist außerdem, dass Sie deutlich sprechen und einfache Worte verwenden, die Ihr Kind auch begreifen kann.

Richten Sie für sich und Ihr Kind einen bequemen Rückzugsort ein. Bitten Sie Ihr Kind, es sich gemütlich zu machen. Im Anschluss laden Sie es dazu ein, kurz innezuhalten und in sich hineinzuhorchen. Nehmen Sie sich dann ein Kinderbuch zur Hand und lesen Sie Ihrem Kind daraus vor. Halten Sie von Zeit zu Zeit inne und sprechen Sie über das gelesene. Sollte Ihr Kind nicht sprechen wollen, erklären Sie ihm dennoch alles genau. Auf diese Weise fördern Sie die Konzentration und beflügeln die Kreativität Ihres Kindes.

Im Anschluss an das Vorlesen können Sie Ihr Kind fragen, was es nach dem Hören der Geschichte fühlt, wie es seine eigene Gefühlswelt wahrnimmt und wie es diese beschreiben würde. Leiten Sie es bei der Beschreibung dieser Gefühlslagen an und bieten Sie immer wieder Unterstützung an, damit es Ihrem Kind gelingt, sich auszudrücken.

Hinweis:
Sollte sich Ihr Kind nicht äußern wollen, können Sie nachhelfen und Ihrem Kind durch verschiedene Äußerungen helfen, sodass es diesen nur noch zustimmen muss. Folgende Äußerungen können Sie hierzu nutzen:

- Sicher fühlst du dich nach einem so langen Tag sehr erschöpft.
- Du hast so schöne Dinge erlebt, dein Herz hüpft bestimmt vor Freude.
- Ich kann verstehen, wenn du heute traurig bist. Ich war auch immer traurig, wenn ich mich mit meinem besten Freund gestritten habe.
- Du bist sicher noch ganz aufgeregt von eurem Ausflug heute. So viele schöne Dinge, die du dabei vermutlich erlebt hast.
- ...

Tipp:
Diese Übung eignet sich vor allem für die Durchführung nach einem ereignisreichen und anstrengenden Tag. Auch bei selektivem Mutismus, also der Unfähigkeit, in bestimmten sozialen Situationen, wie beispielsweise im Kindergarten oder in der Schule, zu sprechen, können Sie diese Übung durchführen.

Ziel der Übung:
Mithilfe der Übung soll Ihr Kind lernen, die eigenen Gefühle auszudrücken. Darüber hinaus kann diese kurze Übung dazu beitragen, dass sich Ihr Kind nach einem anstrengenden Tag entspannt.

Übung: Den Alltag vergessen – einige Atemübungen

Das benötigen Sie:

- Sorgen Sie für eine ungestörte Umgebung, in der sich Ihr Kind entspannen kann.
- Nach Bedarf können Sie zusätzlich entspannende Musik abspielen. Diese sollte jedoch nur sehr leise abgespielt werden, damit sich Ihr Kind vollständig auf seine Atmung konzentrieren kann.
- eine Yoga-Matte oder Ähnliches, auf der Sie die Übungen durchführen können

So gehen Sie vor:
Vor Beginn der Übung versuchen Sie zunächst, Ihr Kind von seinem stressigen Tag zu entspannen. Hierzu gehen Sie vor der Durchführung wie folgt vor: Bitten Sie Ihr Kind, sich in den Schneidersitz zu begeben. Alternativ kann es sich auf seine Knie setzen. Im Anschluss lassen Sie gemeinsam den Atem durch Ihre Nasenlöcher einströmen. Achten Sie darauf, dass das Einatmen etwa eine Dauer von drei Sekunden aufweist. Im Anschluss gehen Sie zum Ausatmen über. Hierbei leiten Sie Ihr Kind an, die Lippen leicht zusammenzukneifen und dabei die Luft gleichmäßig und kräftig auszublasen. Achten Sie gemeinsam darauf, dass das Ausatmen eine etwa doppelt so lange Zeit einnimmt wie das Einatmen.

Hinweis:
Sollte sich Ihr Kind schwertun, die Lippen entsprechend zu spitzen, können Sie es bitten, sich vorzustellen, dass es heißes Essen pustet, bevor es die Gabel zum Mund führt.

Nach dieser kurzen Atemübung gehen Sie zu einigen Yogaübungen mit Ihrem Kind über.

Ziel der Übung
Mit dieser Übung können Sie die Achtsamkeit bei Ihrem Kind fördern. Sie hilft vor allem dann, wenn Ihr Kind sich gestresst fühlt und von seinen Emotionen übermannt wird.

Die Mondsichel:
Stelle dich hüftbreit auf der Yogamatte auf, lege die Fingerspitzen beider Hände aneinander und strecke deine Arme weit über deinem Kopf aus. Mit der nächsten Einatmung beugst du dich nun zu deiner rechten Körperseite. Anschließend atmest du aus und kommst wieder zur Mitte zurück, bevor du dich mit dem nächsten Einatmen zu deiner linken Körperseite beugst. Danach kommst du mit der Ausatmung erneut zur Mitte. Wiederhole die Mondsichel einige Male und kehre zum Schluss in eine aufrechte Körperhaltung zurück.

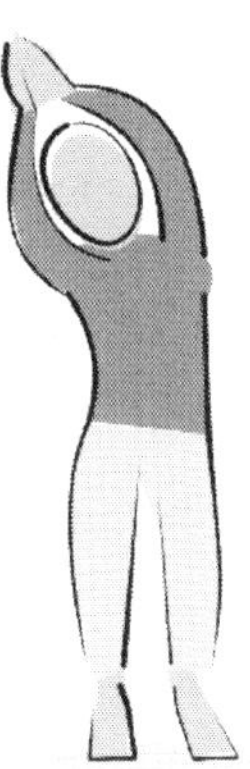

Das Dreieck:
Komme auf deine Yogamatte und stelle dich seitlich auf. Deine Beine sind weit geöffnet und bilden mit der Matte ein Dreieck. Drehe nun deinen rechten Fuß um 90 Grad nach außen und hebe deinen linken Arm zur Decke, während du deinen Oberkörper rechts seitlich nach unten senkst. Achte darauf, dass dein Hals gerade bleibt und dein Nacken nicht abknickt. Anschließend wechselst du die Seite.

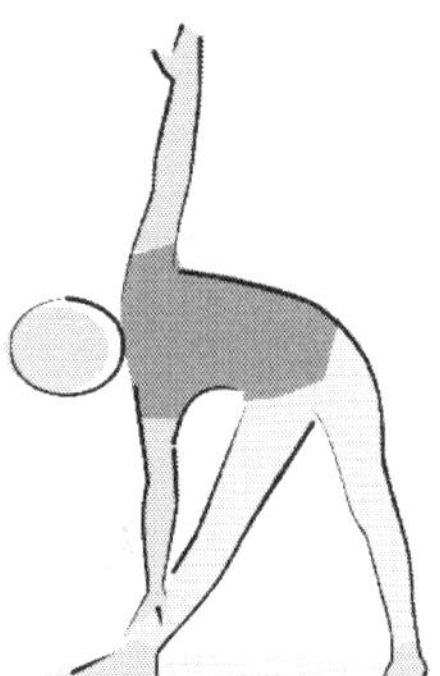

Der Affe:
Stelle dich etwas weiter als hüftbreit auf deiner Yogamatte auf und beuge deine Knie. Winkle deine Arme an und bringe deine Hände zu deinen Achseln. Federe nun ganz locker und ganz leicht in deinen Knien und rufe dabei „U-A-A“ wie ein kleines Äffchen.

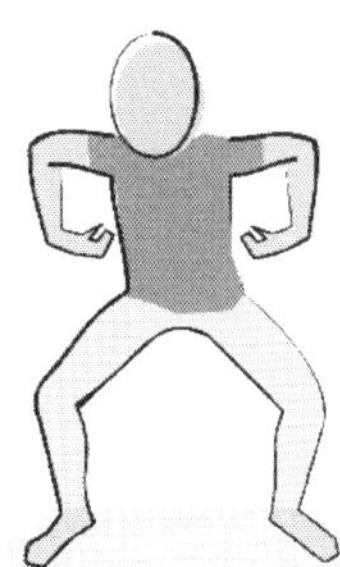

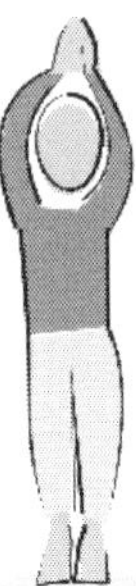

Die Sonne:
Stelle dich aufrecht auf deiner Yogamatte hin und bringe deine Fußinnenseiten aneinander. Bei der nächsten Einatmung hebst du deine Arme über deine Körperseiten nach oben und legst deine Handflächen aufeinander.

Die Katze:

Komme im Vierfüßlerstand auf deine Yogamatte und mache mit der nächsten Ausatmung einen Buckel, indem du deinen Rücken rund nach oben wölbst. Dabei kannst du gerne „Miau" rufen. Mit der nächsten Einatmung machst du deinen Rücken wieder gerade und kommst in ein leichtes Hohlkreuz. Hierfür ziehst du deine Schulterblätter zusammen und hebst deinen Kopf etwas an. Anschließend atmest du wieder ein, machst einen Buckel und rufst dabei „Miau".

Der Hund:

Komme auf deiner Yogamatte in den Vierfüßlerstand und schiebe deinen Po so weit nach hinten oben, bis deine Beine vollkommen durchgestreckt sind. Deine Finger sind aufgefächert, sodass deine Zeige- und Mittelfinger nach vorne weisen. Mit der nächsten Ausatmung lässt du einerseits deine Fersen in die Richtung des Bodens sinken und andererseits dein Brustbein nach unten federn, um zwischen den Schulterblättern ganz weich zu werden. Mit der nächsten Einatmung streckst du dann deinen Rücken ganz lang, während du deinen Po ganz weit nach oben schiebst.

Tipp:
Fühlt sich Ihr Kind im Alltag gestresst, zum Beispiel in der Schule, kann es diese Übung durchführen, um sich zu entspannen und im Anschluss konzentrierter zur jeweiligen Aufgabenstellung zurückzukehren.

Übung: Gefühle loslassen – Sorgenrolle

Das benötigen Sie:

- genügend Platz, um die Übung durchzuführen

So gehen Sie vor:
Erzählen Sie Ihrem Kind die folgende kurze Geschichte, bevor Sie mit der Übung beginnen.

Eines Tages lebte ein Riese namens Rollo. Er war anders als die anderen Riesen und hatte große Sorgen, die sein Herz ganz schwer machten. Während die anderen Riesen sich bei allerlei Riesensport vergnügten, hatte Rollo keine Lust, sich anzuschließen. Er war traurig und fühlte sich sehr einsam.

Nach reiflicher Überlegung beschloss er, seine Sorgen loswerden zu wollen. Also entwickelte er eine Idee und begann, zu üben. Wenn er den Hügel hinunterrollen würde und dabei schneller als die Sorgen auf seinem Herzen wäre, dann müsste es wohl gehen. Am Anfang war es schwer für Rollo. Das Rollen wollte einfach nicht funktionieren, ganz gleich, wie sehr er sich auch bemühte. An einigen Tagen stolperte er sogar. Aber er gab nicht auf und mit jedem Mal wurde er besser.

Die anderen Riesen beäugten sein Tun kritisch und lachten sogar über ihn. Sie verstanden nicht, was er dort tat. Dennoch ließ sich Rollo nicht von seinem Plan abhalten. Irgendwann beherrschte er das Rollen. Also fasste er sich ein Herz, brachte sich in Position und rollte den Hügel hinab. All seine Sorgen und Gefühle verschwanden, er fühlte sich nicht mehr einsam und ließ all seine Emotionen hinter sich. Plötzlich fühlte er sich leicht und glücklich. Alle anderen Riesen wollten wissen, wie ihm das gelungen sei. Er antwortete nur: „Ich habe alle meine Sorgen losgelassen, indem ich gerollt bin. Ich habe einfach mal etwas Neues ausprobiert und es hat geholfen."

Nachdem Sie Ihrem Kind diese Geschichte erzählt haben, bitten Sie es, sich auf den Boden zu legen, die Hände eng am Körper zu positionieren und ebenfalls von links nach rechts zu rollen, um die Sorgen loszuwerden. Beteiligen Sie sich an der Übung und führen Sie diese gemeinsam durch.

Ziel der Übung:
Mithilfe der Übung kann Ihr Kind lernen, Spannungen abzubauen und sich auch in schwierigen Situationen zu beruhigen.

Hinweis:
Bei all der Übung sollten Sie beachten, dass die Fähigkeit zur Regulation von Emotionen und damit auch zur Selbstregulation Zeit und Geduld erfordert. Außerdem sollten Sie bedenken, dass jedes Kind individuell ist und nicht jede Übung gleichsam wirken kann. Um herauszufinden, welche Techniken für Ihr Kind die passenden sind, sollten Sie die hier angeführten Übungen ausprobieren und Ihr Kind dabei aufmerksam beobachten.

Der Schlüssel der Co-Regulation liegt in einer respektvollen Elternschaft. Im Kern stellt die respektvolle Elternschaft nichts anderes dar als die Förderung der Autonomie, Entwicklung und Individualität Ihres Kindes. Wollen Sie dies auch vor dem Hintergrund der Co-Regulation berücksichtigen, finden Sie nachfolgend einige Tipps, die Sie im Alltag anwenden können.

Auf einen Blick: Hilfreiche Tipps zur Co-Regulation für Eltern

- Schaffen Sie eine sichere und anregende Umgebung für Ihr Kind, in der es Selbstregulation praktizieren kann. Bevor Sie Ihr Kind bei alltäglichen Vorkommnissen unterstützen, sollten Sie Ihre eigenen Emotionen überprüfen. Ist Ihr Kind beispielsweise gerade aufgeregt und wütend, maßregeln Sie nicht umgehend. Beruhigen Sie sich zunächst selbst, um emotional ruhig reagieren zu können.

- Zeigen Sie Verständnis für die Verhaltensweisen Ihres Kindes. Spiegeln Sie ihm, dass Sie sein Verhalten nachvollziehen können und dass es in Ordnung ist, solche Gefühle in sich zu tragen.

Beispiel:
Folgende Sätze könnten Sie diesbezüglich äußern:
„Ich kann sehen, dass du gerade sehr traurig bist. Ich würde mich nun auch so fühlen. Und das ist in Ordnung und darf sein."
„Ich sehe und verstehe, dass du wütend und frustriert bist. Als ich so alt war wie du, war ich das auch. Aber in diesem Fall muss ich auf dich aufpassen und manche Entscheidungen wie diese für dich treffen, damit es dir gut geht."

- Setzen Sie Grenzen, die Sie im Alltag auch tatsächlich einhalten. Diese bieten Ihrem Kind Sicherheit und erleichtern es ihm, seine emotionalen Reaktionen besser zu regulieren.

- Hören Sie Ihrem Kind aktiv zu, wenn es spricht. Unterbrechen Sie es nicht und versuchen Sie, zu verstehen, was es Ihnen sagen möchte. Bestätigen Sie Ihrem Kind das Gesagte durch die Wiederholung dessen.
Beispiel:
„Du meinst also, ich soll das nächste Mal erst einmal abwarten, bis ich dich in den Arm nehme, wenn wir uns streiten?"
„In der Schule war es also schwer, die Aufgabe zu lösen. Du hast dich geärgert und konntest dich dann nicht mehr konzentrieren?"

- Bringen Sie Ihrem Kind bei, achtsam zu sein. Mithilfe dieser Techniken kann es sich in schwierigen Momenten wieder auf das Wesentliche konzentrieren und zur Ruhe finden.

- Wenn Ihr Kind nicht in der Lage ist, seine Gefühle in Worte zu fassen, bieten Sie ihm Worte an, mit denen es seine Emotionen beschreiben kann.
Beispiel:
„Kann es vielleicht sein, dass du gerade ganz viel Wut im Bauch hast und nicht weißt, wie du diese loswirst? Ich kann dir helfen, wenn du erlaubst."

- In akuten Situationen können Sie Ihrem Kind darüber hinaus alternative Handlungsformen anbieten, mit denen es die eigenen komplexen Emotionen überwinden und sich besser fühlen kann.
Beispiel:
„Wenn du wütend bist, können wir gemeinsam tief durchatmen. Wenn dir das nicht hilft, dann holen wir uns ein Kissen und drücken ganz fest hinein."

- Darüber hinaus ist es wichtig, dass Sie Geduld haben und einsehen, dass jede Form der Co-Regulation Zeit benötigt. Seien Sie also geduldig mit Ihrem Kind, aber auch mit sich selbst.

- Etablieren Sie Routinen in Ihrem gemeinsamen Tagesablauf. Diese vermitteln Ihrem Kind Sicherheit und tragen auch maßgeblich dazu bei, dass es seine Emotionen besser zu regulieren lernt.

- Akzeptieren Sie außerdem, dass es auch Tage geben wird, an denen Ihr Kind nicht in der Lage sein wird, sich von Ihnen beruhigen zu lassen. Auch das gehört zur Entwicklung der Selbstregulation dazu und ist vollkommen normal. Bieten Sie Ihre Unterstützung dennoch weiter an.

EMOTIONSREGULATION IM ALLTAG TEIL 2: KONKRETE EMOTIONEN FÜR ÜBUNGEN NUTZEN

Froh-Übung: Freudensucher

Jetzt wirst du zum Freudensucher. Hierbei suchst du dir ganz bewusst die Dinge, die dich glücklich machen.

Was brauchst du?

- 5–10 kleinere Steinchen

1. Sammle dafür als Erstes zehn kleine Steine – du darfst auch erst einmal mit fünf Steinen starten, wenn es dir leichter fällt. Die Steine sollten gut zusammen in deine Hosentasche passen.
2. Lege alle Steinchen in eine deiner beiden Taschen.
3. Für den Rest des Tages achtest du auf die Dinge, die dich glücklich machen. Das müssen keine großen Dinge sein und auch keine Geschenke. Es kann die erste Frühlingsblume sein, die so schön ist, weil sie nach dem Winter endlich wieder einen Farbtupfer in die Welt bringt. Es kann auch eine Banane sein, die so süß schmeckt, dass du am liebsten noch eine zweite essen würdest. Vielleicht triffst du dich heute mit einem Freund oder einer Freundin und das macht dich glücklich. Oder deine Eltern nehmen dich in den Arm und das fühlt sich schön an. Oder aber du hast etwas Neues gelernt und das macht dich glücklich.
4. Jedes Mal, wenn dich etwas glücklich macht, holst du ein Steinchen aus deiner Hosentasche und legst es in deine zweite Hosentasche. Ziel ist es, dass am Abend so viele Steine wie möglich in deine zweite Hosentasche gewandert sind.

Je öfter du diese Übung machst, desto leichter werden dir die Momente des Glücks auffallen – die Momente, in denen du Freude empfindest. Vielleicht magst du am Abend auch deinen Eltern oder Geschwistern erzählen, in welchen Momenten du Freude empfunden hast. Und vielleicht mögen dir deine Eltern oder Geschwister erzählen, wann sie selbst Freude empfunden haben. Werde zum Freudensucher – denn das ist der größte Schatz, den wir am Schluss entdecken können.

Traurig-Übung: Glitzerhimmel

Was brauchst du?

- Schwarzes oder dunkelblaues Papier
- Zwei weitere dunkle Papierbögen, z. B. dunkles Transparentpapier
- Heller Stift (z. B. weiß oder gelb) oder ein Glitzerstift

5. Schnappe dir das schwarze oder dunkelblaue Blatt Papier und den hellen Stift oder einen Glitzerstift.

6. Male viele, viele Sterne auf das Papier. Das können gezackte Sterne sein oder kleine und große Punkte. Male deinen Sternenhimmel so, wie er dir am besten gefällt.

7. Außerdem brauchst du zwei weitere dunkle Papierbögen – am besten eignet sich leichtes Papier, wie zum Beispiel Transparentpapier. Schneide mehrere große dicke Wolken aus dem Papier. Lasse dir gerne von deinen Eltern helfen, falls es nötig sein sollte.

8. Anschließend bedeckst du deinen ganzen Sternenhimmel mit den Wolken. Das ist die Traurigkeit. Wann immer du die Wolken anpustest, verfliegen die Wolken und du kannst deinen Sternenhimmel sehen.

Die Wolken werden immer wiederkommen. Sie sind am Himmel und bleiben niemals stehen. Und dennoch erinnert dich dein Sternenhimmel daran, dass sie sich wegpusten lassen und das Glitzern wieder auftaucht – und so ist es genau richtig.

Überrascht-Übung: Überraschung!

Was brauchst du?

- Spiegel

Wie ist es mit dir? Kannst du Überraschung erkennen, wenn du sie siehst? Stelle dich doch einmal vor den Spiegel und versuche, überrascht auszusehen. Mache es genau jetzt, bevor du weiterliest.

Gar nicht so einfach, richtig? Denn während Freude sich durch das Lächeln äußert und Traurigkeit durch herabgezogene Mundwinkel oder Tränen, sehen wir Überraschung immer nur ganz kurz in den Gesichtern anderer. Lass uns gemeinsam probieren, wie Überraschung aussieht, während du vor dem Spiegel stehst.

Öffne hierfür die Augen weit. Ziehe gleichzeitig die Augenbrauen hoch. Vielleicht wird auch deine Stirn ein wenig kraus dabei. Öffne den Mund und forme ihn so, als würdest du ein leichtes „O" sprechen wollen. Den Kopf streckst du gerne ein klein wenig nach vorne. Übe einen Moment, wie Überraschung aussieht. Reiße dafür die Augen und den Mund das eine Mal ganz besonders weit auf und versuche es beim nächsten Mal mit kleineren Bewegungen. All das ist Überraschung.

Merke dir: Überraschung fühlen wir alle nur einen kurzen Moment. Es ist ein Übergang, weil etwas vollkommen Unerwartetes geschehen ist. Doch aus ihr kann jedes andere Gefühl entspringen.

Ängstlich-Übung: Hab keine Angst mehr, alles wird gut

Was brauchst du?

- Optional: Stift und Papier

Es gibt viele verschiedene Möglichkeiten, die Angst verschwinden zu lassen. Eine hiervon ist die liegende Acht. Übe die liegende Acht gerne immer dann, wenn du magst. Wenn du dann eines Tages Angst spürst, die du nicht gebrauchen kannst, dann kannst du die Übung wiederholen. Sie wird dir helfen, ruhiger zu werden und dich zu entspannen.

Male mit deinem Finger eine liegende Acht auf die Tischplatte. Gerne darfst du auch einen Stift und ein Papier nehmen, um die liegende Acht gut zu sehen. Setze nicht ab, während du das Malen der liegenden Acht wiederholst und wiederholst und wiederholst. Wenn deine Bewegungen ganz gleichmäßig geworden sind, achtest du beim Malen der Zahl auf deine Atmung.

- Während der ersten Acht atmest du tief *ein*,
- während der zweiten Acht hältst du die Luft *an*,
- während der dritten Acht atmest du *aus* und
- während der vierten Acht hast du eine Atempause, bevor es wieder von Neuem losgeht.

Danach fängst du von vorne an. Achte auf gleichmäßige Bewegungen und eine ruhige Atmung. Die liegende Acht kann dich immer dann entspannen, wenn du es gerade brauchst. Du kannst sie so oft durchführen, wie du möchtest, ganz egal, wo du gerade bist. Male sie doch auch auf deinen Oberschenkel oder deine Handfläche. Und wenn du sie brauchst, weil die Angst kommt, dann ist sie bei dir – immer!

Wütend-Übung: Wutgewitter

Was brauchst du?

- Deine Hände

Trommle mit einzelnen Fingern auf den Tisch. Es regnet, leicht, ganz leicht. Trommle schneller, lauter, ganz laut. Ein Platzregen kommt über uns und wir können kaum verstehen, was wir sagen. Hau mit den Handflächen auf den Tisch. Es donnert so laut, wir können nicht einmal mehr unsere Gedanken hören. Das Gewitter hält weiter an, nimmt mehr und mehr zu. Klatsche in die Hände, einmal, zweimal, dreimal. Die Blitze blenden uns, wir können nichts mehr sehen. Donner, Platzregen und Blitze wechseln sich ab. Es ist so laut, es ist so grell, wir können nichts hören, nichts sehen, nichts besprechen. Das Gewitter nimmt all den Platz in unserem Kopf ein. Für nichts anderes ist jetzt Zeit als das Knallen des Donners, das Aufleuchten der Blitze. Und dann wird es ein bisschen besser. Zuerst verschwinden die Blitze. Der Donner knallt, grollt, wird leiser, ist weiter weg. Wir können wieder sehen, bald wieder hören. Der Platzregen bleibt. Trommle mit den Fingern auf den Tisch. Du hörst endlich wieder deine eigenen Gedanken, die ersten Worte. Der Regen wird seichter, verebbt, verschwindet vollkommen. Spüre die Stille. Lausche deinen Gedanken, meinen Worten. Die Anspannung ist vorüber, dein Körper entspannt sich. Du kannst hören, sehen, fühlen. Die ganze Wut des Gewitters ist vorübergezogen. Und wenn du ganz genau hinsiehst, erkennst du einen Regenbogen in der Ferne. Er ist bunt und rein, schwebt am Himmel und bringt Klärung mit sich. Du bist bereit. Das Gewitter ist verebbt und alle Möglichkeiten stehen dir offen. Du bist bereit!

Eine Audiodatei zu dieser Übung findest du im Bonus.

Aufgeregt-Übung: Zappel hin, zappel her

Was brauchst du?

- Dich und eine Menge Zappeligkeit

Lass uns doch gemeinsam einmal schauen, wie so ein Zappeln aussehen kann. Stelle dich dafür hin. Schlackere nun als Erstes mit den Armen. Deine Hände und Arme wackeln wie ein Wackelpudding bis zu den Schultern hinauf. Als Nächstes kommen die Beine hinzu. Spürst du, wie Arme, Hände, Beine und Füße wie wild durch die Gegend zappeln? Sie bewegen sich in alle Richtungen und sind kaum zu stoppen. Kann dein Popo auch mitzappeln? Lasse ihn im Takt deiner Beine wild hin und her schwingen. Der Rücken und der Bauch wollen auch mitmachen. Auch sie schwingen hin und her und auf und ab. Dein Kopf kommt hinzu, doch mit dem bist du etwas vorsichtiger, denn der zappelt nicht so gerne. Spüre, wie dein ganzer Körper zappelt und wippt und schlackert und ruckelt. Du bist ein einziger Wackelpudding. Lasse nach und nach alle Körperteile wieder zur Ruhe kommen.

Wann immer du dich so aufgeregt fühlst, dass du gar nicht weißt, wohin mit der Zappeligkeit, lasse dem Gezappel freien Lauf. So wirst du es schaffen, deine Aufregung zu kanalisieren.

Angeekelt-Übung: Iiiiiiih!

Was brauchst du?

- Deine Vorstellungskraft

Versuche hier, zu unterscheiden, ob der Ekel bei diesen Beispielen anerzogen ist oder ob du diesen selbst empfindest. Probiere als Erstes, selbst zu überlegen, was dir einfällt. Wenn dir nichts mehr einfällt, schaue auf die folgenden Stichpunkte. Mache dir auch hier Gedanken, warum der Ekel in den Beispielen entsteht. Wird er selbst empfunden oder ist er eher anerzogen? Ein Hinweis: Einige der angegebenen Dinge findest du vielleicht selbst gar nicht eklig, auch das ist vollkommen in Ordnung!

- Eine blutende Wunde
- Ein bitterer Geschmack
- Sauer schmeckende Milch
- Das Quietschen von Besteck auf dem Teller
- Eine laufende Nase
- Schimmeliges Brot
- Ein spuckendes Kind
- Spinnen
- Arme, die bis zu den Schultern im Matsch versinken
- Küssende Erwachsene
- Rosenkohl
- Kratzende Nägel auf einer Tafel

Du wirst sehen, dass es gar nicht so einfach ist, zu verstehen, warum wir einige Dinge eklig finden. Die sauer schmeckende Milch zum Beispiel: Es ist durchaus möglich, dass du einen Schluck saure Milch sofort ausspuckst, weil sie für dich eklig schmeckt. Oder aber sie schmeckt dir, doch dann macht dich jemand darauf aufmerksam, dass sie schlecht ist – und du spuckst sie erst dann aus. Es bleibt dabei: Die Sache mit dem Ekel ist gar nicht so leicht zu verstehen! Wichtig ist jedoch, dass du verstehst, dass Ekel nicht umsonst da ist. Wir benötigen ihn ganz genauso wie alle anderen Gefühle auch!

Entspannt-Übung: Ganz, ganz ruhig

Was brauchst du?

- Ggf. eine Matte oder Unterlage zum Hinlegen

Lege dich auf den Boden. Krampfe nun deine Zehen so sehr zusammen, wie du kannst. Halte diese Position. Wenn deine Füße ein wenig zu zittern beginnen, ist das okay. Halten. Eins ... Zwei ... Drei ... Und loslassen. Als Nächstes sind die Beine dran. Spanne die Waden und Oberschenkel richtig fest an. Halten. Weiter halten. Eins ... Zwei ... Drei ... Und loslassen. Achte darauf, dass deine Füße und Beine nach dem Anspannen wieder richtig gut entspannen. Sie liegen dann vollkommen locker da. Mache diese Übung mit all deinen Körperteilen nacheinander, erst mit dem Po, dann dem Bauch und dem Rücken. Anschließend mit den Armen. Vergiss auch hier die Hände nicht. Dann mit dem ganzen Gesicht. Es darf sich so sehr anspannen, als hättest du in eine saure Zitrone gebissen. Spanne ganz am Schluss deinen ganzen Körper noch einmal richtig kräftig an. Du bist ein Brett und vollkommen steinhart. Halte die Spannung. Und weiter halten. Und noch weiter halten. Eins ... Zwei ... Drei ... Und wieder lösen.

Bleibe einen Moment auf dem Boden liegen. Denn das, was du jetzt spürst, ist Entspannung. Dein ganzer Körper ist vollkommen entspannt und liegt ganz und gar ruhig da. Vielleicht kribbelt er ein wenig oder er wird etwas warm. Das ist völlig normal.

Nimm dir in deinem Alltag ganz bewusst Momente der Entspannung. Lasse dann auch deinen Kopf entspannen. In diesen Momenten hast du keinerlei Druck und nichts zu tun. Du darfst dann einfach in dem Moment sein und dich dort vollkommen wohlfühlen. Und wenn du anschließend weiter in den Tag startest, dann wirst du es mit einem Gefühl der Entspannung tun – und mit vollgeladenen Akkus.

Eine Audiodatei zu dieser Übung findest du im Bonus.

Beschämt-Übung: Schäm dich (nicht)

Was brauchst du?

- Eine kleine Portion Mut

Deine Aufgabe ist es nun, zu sagen, dass du dich schämst oder mit etwas nicht wohlfühlst. Das klingt ganz einfach – dennoch ist es eine gute Übung, wenn du wirklich in eine ähnliche Situation kommst. Wenn du es ein paar Male geübt hast, wird es dir dann sehr viel leichter über die Lippen kommen. Sprich zur Übung gerne einmal folgende Sätze:

- „Ich fühle mich dabei gerade überhaupt nicht wohl. Am liebsten würde ich etwas anderes machen."
- „Ich habe einen Fehler gemacht und dafür schäme ich mich. Ich möchte es gerne wiedergutmachen."
- „Ich mag das wirklich nicht machen. Und weil es mir dabei schlecht geht, werde ich es auch nicht machen."
- „Ich habe Angst, dass ich ausgelacht werde, und möchte das deshalb nicht gerne machen."
- „Ich traue mich nicht, weil ich mich schäme. Vielleicht ein anderes Mal."

Übe diese Sätze gerne immer wieder, damit du sie nutzen kannst, wenn du sie brauchst. Du wirst sehen, dass sie dir leichter über die Lippen gehen, wenn du sie geprobt hast.

Tipp:
Manchmal lässt sich Scham auch ganz einfach weglachen. Hast du schon einmal versucht, mit den anderen mitzulachen, wenn dir etwas peinlich war, anstatt vor Scham im Boden zu versinken? Das kann äußerst befreiend wirken und so richtig guttun – auch das darfst du sehr gerne ausprobieren.

Stolz-Übung: Stolz wie Bolle

Was brauchst du?

- Spiegel

Vielleicht hast du einen Spiegel zuhause, in dem du deinen ganzen Körper sehen kannst. Wenn nicht, versuche, in einem Spiegel so viel von deinem Körper zu sehen, wie du kannst. Die Übung, die du jetzt lernst, kannst du gerne jeden Tag machen, bevor du aus dem Haus gehst. Sie hilft dir dabei, dich stolz zu fühlen. Stelle dich vor den Spiegel und siehe dir deinen Körper gut an. Stelle dir nun vor, dass du etwas ganz Tolles geschafft hast. Straffe die Schultern, ziehe sie also ein wenig nach hinten. Stelle dir vor, wie du vor Stolz ein wenig größer wirst. Stelle dich aber nicht auf die Zehenspitzen. Richte stattdessen deinen Körper richtig schön auf. Sieh dir nun in die Augen und nicke dir selbst zu.

Sage dir laut: „Ich habe das gut gemacht! Ich bin großartig!"

Glaube dir selbst, dass du großartig bist, denn das bist du tatsächlich. Sage dir, dass du wichtig bist, dass du stolz auf dich sein darfst. Denn du bist einzigartig und wundervoll – und genau richtig, wie du bist! Behalte diese Körperhaltung bei, auch wenn du nicht mehr in den Spiegel siehst. Denn wenn deine Körperhaltung Stolz ausdrückt, dann glaubt dir auch dein Gehirn, dass du gerade stolz auf dich bist. Und dieses wiederum sorgt dafür, dass du sehr viel öfter zulassen kannst, stolz auf dich selbst zu sein. Das wäre doch prima, nicht wahr?

Teil 3: Kinderleichte Übungen für zuhause

Entdecke deine Gefühle: Emotionserkundung

Beginnen wir mit einem kleinen Ausflug in ein Abenteuer auf dem Weg zu mehr Selbstregulation. In diesem Kapitel geht es darum, etwas Besonderes über dich zu erfahren – es geht darum, deine eigenen Gefühle anzunehmen und besser kennenzulernen. Sicher warst du auch schon einmal wütend, wenn dir ein Freund genau das Spielzeug weggenommen hat, mit dem du eigentlich gerade spielen wolltest. Oder du hast dich sehr über etwas gefreut, weil du vielleicht ein besonderes Geschenk erhalten hast, das du dir schon eine ganze Weile gewünscht hast. Ganz bestimmt warst du auch schon einmal so richtig frustriert, wenn die Matheaufgabe, die die Lehrerin in der Schule gestellt hat, einfach nicht funktionieren wollte, ganz gleich, wie sehr du dich auch angestrengt hast ...

Wie du siehst, gibt es eine große Bandbreite an Gefühlen, die wir in unserem Alltag erleben können. Das Ausmaß kannst du dir in etwa so vorstellen wie die bunten Farben eines Gemäldes. Einige dieser Kunstwerke weisen sehr freundliche und strahlende Farben auf, während wieder andere eher dunkle und bedrohliche Farben zeigen. So ist es auch mit deinen Gefühlen. An dem einen oder anderen Tag wirst du fröhlich sein, wie das Strahlen der Sonne, wieder andere Tage werden dir eher das Gefühl geben, dass in dir ein bedrohlicher Vulkan brodelt, der kurz davor ist, auszubrechen.

Auch wenn deine Gefühle sehr gegensätzlich sein können, musst du keine Angst vor ihnen haben. Vielmehr geht es darum, dass du lernst, sie zu verstehen, damit du besser mit ihnen umgehen kannst. Letztlich sind Emotionen nämlich nichts anderes als eine Art geheime Botschaft, die dein Körper und dein Herz dir geben. Wenn du aufmerksam hinhörst, kannst du lernen, was Körper und Herz dir mitteilen möchten. Gefühle sind also keine Feinde. Vielmehr sind es Freunde, die dir mitteilen wollen, was dich stört und was dich glücklich macht. Deine Gefühle sind also eine Art Kompass, der dich dabei unterstützt, die jeweiligen Situationen besser einzuschätzen. Du kannst ihre Anwesenheit nicht beeinflussen. Zudem ist jedes Gefühl wichtig. Ganz gleich, ob du glücklich, traurig, wütend, ängstlich oder neugierig bist – jedes Gefühl darf sein und hat seine Berechtigung. Auch wenn die meisten Menschen sich hauptsächlich auf die angenehmen Gefühle konzentrieren, ist es wichtig, dass du auch die unangenehmen Gefühle zulässt, selbst, wenn das nicht immer ganz schön für dich ist. Damit auch andere dich verstehen, ist es außerdem wichtig, dass du offen über deine Empfindungen sprichst. Das trägt nicht nur zu einem besseren Verständnis bei, sondern hilft dir auch, das jeweilige

Gefühl wieder loszuwerden. Vor allem bei negativen Gefühlen kann dir dieses Vorgehen Erleichterung verschaffen.

Wenn du so willst, sind deine Emotionen also eine Art Superkraft, die dazu beiträgt, dass du die Dinge in der Welt besser verstehst. Damit du diese Superkraft besser verstehen kannst, findest du nachfolgend noch ein paar wichtige Informationen auf einen Blick, bevor du zu den Übungen übergehen kannst.

- Emotionen sind normal. Jeder Mensch hat sie. Alle Gefühle gehören zu deinem Leben dazu.
- Deine Emotionen sind wie Farben. Jede dieser Farben hat eine bestimmte Bedeutung und möchte dir etwas mitteilen.
- Wie sich welche Emotion in Farben ausdrücken lässt, kannst du der nachfolgenden Tabelle entnehmen:

Farbe	**mögliche Emotionen**
Rot	• Aufregung • Energie • Mut
Blau	• Ruhe • Frieden • Vertrauen
Gelb	• Fröhlichkeit • Optimismus
Orange	• Begeisterung • Freude • Enthusiasmus
Rosa	• Liebe • Sanftheit • Zärtlichkeit
Braun	• Sicherheit • Geborgenheit • Stabilität
Schwarz	• Stärke • Trauer • Bedrückung

• Wenn du aufmerksam zuhörst, wirst du lernen, deine Emotionen besser zu verstehen.

• Emotionen können sich jederzeit ändern. Ebenso wie das Wetter sind sie oftmals unbeständig und manchmal haben wir sogar mehrere Gefühle, die gleichzeitig auftreten können. Einige Beispiele findest du in der nachfolgenden Tabelle:

Wetter	**Emotion**
Sonne	• Fröhlichkeit • Begeisterung • Glück
Regen	• Traurigkeit
Wolken	• Nachdenklichkeit • Ruhe
Schnee	• Aufregung • Freude • Abenteuerlust
Nebel	• Unklare Gedanken
Sturm und Wind	• Wut • Aufregung und Spannung • Ärger
Sonnenaufgang	• Hoffnung
Sonnenuntergang	• Frieden • Geborgenheit
Gewitter	• Völlige Verärgerung
Regenbogen	• Glück

• Du kannst deine Emotionen steuern, wenn du lernst, sie zu verstehen.

• Gefühle müssen nicht versteckt werden. Vielmehr ist es wichtig, Wege zu finden, wie du deine Gefühle auf positive und gesunde Weise ausdrücken kannst. Wie das gelingt, lernst du mithilfe dieses Buches.

Grundsätzlich können Emotionen auf unterschiedliche Weise zum Ausdruck gebracht werden. Folgende Anhaltspunkte können dir dabei Aufschluss darüber geben, wie sich beispielsweise deine Freunde in einer bestimmten Situation fühlen: der Gesichtsausdruck, das Körpergefühl, die Worte und die Stimme.

Der Gesichtsausdruck

Der Gesichtsausdruck spiegelt dir in der Regel sehr deutlich wider, wie sich deine Mitmenschen fühlen. Hierzu kannst du zum Beispiel die Gesichter der Menschen in deinem Umfeld anschauen. Achte darauf, wie sich ihre Augenbrauen, die Augen, der Mund und die Lippen bewegen. Das verrät dir in der Regel einiges darüber, wie sich diese Menschen fühlen. In einigen Fällen sind die Ausdrücke des Gesichts nicht immer ganz eindeutig.

Beispiel:
Ein Lächeln kann bedeuten, dass dein Gegenüber Freude oder Glück empfindet. Ein fröhlicher Mund und strahlende Augen können aber auch darauf hindeuten, dass dein Gegenüber aufgeregt ist.

Du siehst also, wenn du Emotionen verstehen willst, musst du genau hinschauen und beobachten.

Das Körpergefühl

Deine Gefühle kannst du häufig auch über das Gefühl in deinem Körper identifizieren. Wenn du genau auf deinen Körper achtest, gibt dir dieser sehr genau Aufschluss darüber, was deine Emotionen dir sagen wollen.

Beispiel:
Bist du beispielsweise glücklich, fühlt sich der Körper häufig leicht an. An Tagen, an denen es dir weniger gut geht, verspürst du vielleicht ein Grummeln in deinem Bauch, weil dich etwas geärgert hat, oder es kribbelt im Bauch, weil du aufgeregt bist.

Worte und Stimme

Anhand der Worte, die Menschen bei Ihren Äußerungen wählen, sowie auch an ihrer Stimme kannst du in vielen Fällen wahrnehmen, wie sie sich gerade fühlen. Die Art, wie jemand spricht, hat dabei viel mit seinen Emotionen zu tun.

Beispiel:
Eine laute und aufgeregte Stimme kann Freude signalisieren. Eine leise und eher bedrückte Stimme signalisiert eher Traurigkeit oder Verzweiflung.

Mit den nachfolgenden Übungen kannst du lernen, deine Emotionen (und auch die Emotionen anderer) besser zu benennen und zu erkennen.

Übung: Gefühls-Memory

Wirkung:
Mit dieser Übung kannst du lernen, verschiedene Emotionen anhand von Gesichtsausdrücken und Haltungen zu finden und zu benennen.

Folgende Emotionen findest du auf deinen Gefühlskarten für dieses Spiel:

- Freude
- Trauer
- Wut
- Angst
- Überraschung
- Ekel
- Liebe/Zuneigung
- Stolz
- Scham
- Ruhe

So gehst du vor:
Für dieses Spiel drehst du alle Karten so um, dass du den Druck der Gefühlskarten nicht mehr erkennen kannst. Nachdem alle Karten umgedreht sind, kannst du mit dem Spiel beginnen. Solltest du alleine spielen, drehst du immer zwei Karten um, so lange, bis du das passende Gegenstück gefunden hast. Hast du die beiden passenden Karten gefunden, benennst du die Emotion, die auf dem Bild zu erkennen ist.

Solltest du mit einem Spielpartner spielen, dreht ihr im Wechsel jeweils zwei Karten um, bis ihr ein Paar gefunden habt. Sobald ein Paar gefunden ist, könnt ihr euch gegenseitig jeweils aus der Erinnerung eine Geschichte zur vorliegenden Emotion erzählen. Wer mehr Memory-Paare findet, gewinnt.

Das Gefühlsmemory zum Ausdrucken findest du im Bonus.

Übung: Gefühle erkunden

Wirkung:
Bei dieser Übung geht es darum, zu erkunden, wie du dich bei einem bestimmten Gefühl fühlst.

So gehst du vor:
Beantworte für die Durchführung die folgenden Fragen:

- Wo macht sich das Gefühl innerhalb deines Körpers breit?
- Wie fühlt es sich an?
- Woran erinnert es dich?
- Womit würdest du das Gefühl vergleichen?
- Welche Gedanken hast du zu dem Gefühl?

Folgende Gefühle kannst du zum Beispiel für die Übung beschreiben:

- Angst
- Trauer
- Wut
- Enttäuschung
- Freude
- Glück
- Zufriedenheit
- Erschrockenheit
- Ekel

Tipp:
Das Spiel lässt sich auch gemeinsam mit einem Spielpartner umsetzen. Hierzu könnt ihr euch gegenseitig eure Empfindungen beschreiben. Dabei wirst du feststellen, dass bei ein und demselben Gefühl nicht immer alle Begleiterscheinungen gleich sind. Das liegt daran, dass die Wahrnehmung eines bestimmten Gefühls, wie beispielsweise Angst, von Mensch zu Mensch unterschiedlich sein kann.

Die Audiodatei „Ein gutes Gefühl" zu dieser Übung findest du im Bonus.

Übung: Den eigenen Gesichtsausdruck im Spiegel beobachten

Wirkung:
Diese Übung hilft dir dabei, deine eigenen Gefühle besser wahrzunehmen. Zudem lernst du, die Emotionen anderer Menschen in deinem Umfeld besser zu lesen und zu verstehen.

So gehst du vor:
Stelle dich vor einen Spiegel und betrachte deine eigene Mimik. Welche Signale sendet dein Gesichtsausdruck? Versuche, dich für diese Übung bewusst in unterschiedliche Gefühlslagen hineinzuversetzen und diese wiederzugeben.

Folgende Gefühle kannst du zum Beispiel für die Übung nachstellen:

- Angst
- Trauer
- Wut
- Enttäuschung
- Freude
- Glück
- Zufriedenheit
- Erschrockenheit
- Ekel

Tipp:
Fühlst du dich mit der Mimik vor dem Spiegel unwohl, kannst du dir alte Bilder oder Videoaufnahmen von dir anschauen und deine eigene Gefühlslage anhand der jeweiligen Gesichtsausdrücke beschreiben.

Neben diesen Übungen hast du natürlich auch die Möglichkeit, deine Emotionen und Gefühle auf kreative Weise auszudrücken. So kannst du beispielsweise deine Empfindungen mit Musik, Kunst oder Geschichten festhalten. Wie das gelingt, erfährst du nachfolgend.

Emotionskarten zu dieser Übung findest du im Bonus.

Kunst als Ausdruck von Gefühlslagen

Wenn du malst oder bastelst, hast du die Möglichkeit, deine Gefühle zu Papier zu bringen. Während bunte Farben eher Freude oder Aufregung darstellen können, kannst du dunklere Farbtöne dazu nutzen, um Gefühle wie Traurigkeit oder Wut wiederzugeben. Grundsätzlich gibt es bei der Darstellung von Emotionen jedoch weder ein Richtig noch ein Falsch. Auch Formen und Linien können für den Ausdruck deiner Gefühlslage genutzt werden. Es geht lediglich darum, wie du dich fühlst.

Übung: Emotionscollage anlegen

Wirkung:
Mithilfe dieser Übung kannst du lernen, Emotionen noch besser zu erkunden und zu lesen.

So gehst du vor:
Sammle Zeitschriften, Bilder oder Zeitungen, in denen Menschen abgebildet sind. Suche dir aus diesen Materialien unterschiedliche Gesichtsausdrücke heraus, die diverse Emotionen wiedergeben. Solltest du nicht für jede Emotion einen Gesichtsausdruck finden, kannst du Wut oder Ärger beispielsweise auch mit einer dunklen Wolke darstellen. Deiner Fantasie sind dabei keine Grenzen gesetzt.

Folgende Emotionen kannst du auf deiner Collage festhalten:

- Freude und Glück
- Trauer
- Angst
- Wut

Hinweis:
Natürlich darfst du auch darüber hinaus weitere Emotionen festhalten, sofern du noch mehr Ideen hast.

Übung: Gefühlsbilder malen

Wirkung:
Gefühlsbilder können dir beispielsweise helfen, eine bestimmte Emotion zu verarbeiten. Wenn du also wütend bist, kann es sinnvoll sein, wenn du dir ein Blatt Papier zur Seite nimmst und deine Wut festhältst.

So gehst du vor:
Um deine Emotion auszudrücken, suchst du dir die Farben aus, die deine aktuellen Emotionen am besten wiedergeben. Bist du beispielsweise fröhlich, könntest du helle und freundliche Farben nutzen. Möchtest du hingegen Wut darstellen, wären dunkle und unfreundliche Farben denkbar.

Tipp:
Hast du das Bild fertiggestellt, kannst du deiner Familie erklären, was du auf dem Bild festgehalten hast. Dies trägt dazu bei, dass auch sie weiß, wie du dich fühlst.

Musik als Ausdruck von Gefühlslagen

Willst du Emotionen ausdrücken, bietet dir die Musik eine gute Möglichkeit. Sicher hast du beim Anhören unterschiedlicher Lieder schon einmal gemerkt, dass es Variationen gibt. Behandelt ein Lied beispielsweise eher fröhliche Themen, weist das Lied ein höheres Tempo auf und verfügt meist über fröhliche Klänge. Wird hingegen ein trauriges Thema in einem Lied behandelt, weist dieses häufig ein sehr ruhiges und tragendes Tempo auf. Die Töne sind weniger aufgeregt und vermitteln kein fröhliches Gefühl. Willst du selbst deine Emotionen mit Musik ausdrücken, hast du dazu unterschiedliche Möglichkeiten:

Übung: Komponiere ein Emotionslied

Wirkung:
Emotionslieder können dir im Alltag helfen, besser mit deinen Gefühlslagen fertig zu werden.

So gehst du vor:
Wähle eine Emotion aus, zu der du einen Text für ein Lied verfasst. Versuche dabei, dich genau in diese Emotion hineinzuversetzen. Erinnere dich daran, wie du dich gefühlt hast. Im Anschluss überlegst du dir eine Melodie (gerne auch von einem anderen Lied, das du bereits gut kennst) und singst das Lied laut.

Beispiel:
Melodie: „Alle meine Entchen“

Refrain:
Ein Regenbogen aus Gefühlen,
begleitet mich auf meinen Weg,
mal wild, mal still, mal laut und leise,
so wie es das Leben will.

Tipp:
Wenn du möchtest, kannst du jede deiner Emotionen in einem Lied festhalten. Wann immer du eine bestimmte Emotion verspürst, kannst du dich an das Lied erinnern und es singen, um dich besser zu fühlen.

Übung: Gefühlsklänge improvisieren

Wirkung:
Die Improvisation von Gefühlsklängen kann dazu beitragen, dass du dich von negativen Gefühlen leichter befreien kannst. Solltest du dich einmal nicht gut fühlen, könnte dir diese Übung helfen.

So gehst du vor:
Wandere durch euer Zuhause und wähle Gegenstände, mit denen du Klänge erzeugen kannst. Folgende Gegenstände könntest du beispielsweise auswählen:

- Töpfe
- Pfannen
- Kochlöffel
- Plastikschalen
- Plastikbecher
- Blumentöpfe, die nicht benötigt werden
- Leere Pappkartons
- ...

Damit es keinen Ärger gibt, solltest du deine Eltern vorher fragen, welche Gegenstände du für die Übung auswählen darfst. Oder besser noch: Ihr wählt die Gegenstände gemeinsam aus. Dann fährst du wie folgt fort:

Lass deinen Gefühlen freien Lauf, nutze die gesammelten Gegenstände, um deinen Emotionen Ausdruck zu verleihen. Bist du fröhlich, kannst du einen eher schnellen Rhythmus wählen. Bist du hingegen traurig oder wütend, entscheide dich für langsame und tiefe Töne.

Tipp:
Rasseln und Trommeln oder Klangstäbe eignen sich besonders gut für diese Übung. Die Übung kann auch genutzt werden, um die Klänge für verschiedene Emotionen nachzustellen. So kannst du dir besser einprägen, wie sich welche Emotion anhören könnte. Folgende Emotionen bieten sich zum musikalischen Nachstellen an:

- Angst
- Freude
- Trauer
- Wut

Geschichten nutzen, um Gefühle auszudrücken

Neben den bereits benannten kreativen Möglichkeiten des Ausdrucks von Emotionen kannst du deine Gefühle in sogenannten Emotionsgeschichten festhalten. Geschichten öffnen das Fenster zu deiner Fantasie und helfen dir, die gegenwärtigen Gefühlslagen besser zu verarbeiten. Hierzu kannst du beispielsweise Charaktere erschaffen, die ähnliche Gefühle haben wie du. Möchtest du deine Gefühle in Form von Geschichten ausdrücken, kannst du wie folgt vorgehen:

Übung: Emotionsgeschichten erzählen

Wirkung:
Emotionsgeschichten können das ausdrücken, was du möglicherweise nicht in Worte fassen kannst. Sie helfen dir dabei, deine eigenen Gefühle besser zu verstehen.

So gehst du vor:
Denke dir eine Geschichte aus, bei der die handelnden Personen unterschiedliche Gefühle verspüren. Überlege dir, wie diese Personen miteinander sprechen könnten, um sich gegenseitig deutlich zu machen, was sie jeweils empfinden.

Beispiel:
Tina: Hallo Elisa. Warum bist du heute denn so traurig?
Elisa: Hallo Tina. Ich habe mein Spielzeug verloren. Das macht mich sehr traurig.
Tina: Oh, das tut mir leid.
Elisa: Ja, das ist wirklich blöd.
Tina: Vielleicht kann ich dir ja beim Suchen helfen?
Elisa: Das würdest du tun? Das wäre toll.
Tina: Klar, Elisa. Ich helfe dir gerne.

Tipp:
Wenn du möchtest, kannst du deine Geschichte schriftlich festhalten und sie im Anschluss deiner Familie oder Freunden vortragen.

Übung: Comicstrip mit Emotionen

Wirkung:
Bei dieser Übung setzt du dich bewusst mit unterschiedlichen Gefühlslagen auseinander und lernst, diese besser zu verstehen.

So gehst du vor:
Für diese Übung denkst du dir zunächst einen kurzen Comic aus. In diesem sollten drei unterschiedliche Emotionen vorkommen. Im nächsten Schritt teilst du ein Papier in drei Teile und erstellst daraus einen dreiteiligen Comic. In jedem Teil des Comics bildest du eine bestimmte Emotion ab.

Beispiele:

Emotion	**Darstellung**
Freude	Eine Person öffnet eine Geschenkbox und freut sich über den Inhalt.
Trauer	Eine Person sitzt zusammengekauert auf einer Bank und weint.
Ärger	Ein Kind faltet die Arme vor Wut und dreht den Kopf weg, als die Mutter mit ihm sprechen möchte.
	...

Die in diesem Kapitel aufgeführten Übungen helfen dir dabei, deine Superkraft besser zu verstehen. Sie fördern dein Verständnis für Emotionen und erlauben dir, deine eigenen Gedanken sowie deine Gefühlswelt auf kreative Weise festzuhalten.

Der innere Stimmungskompass: Gefühle erkennen und benennen

 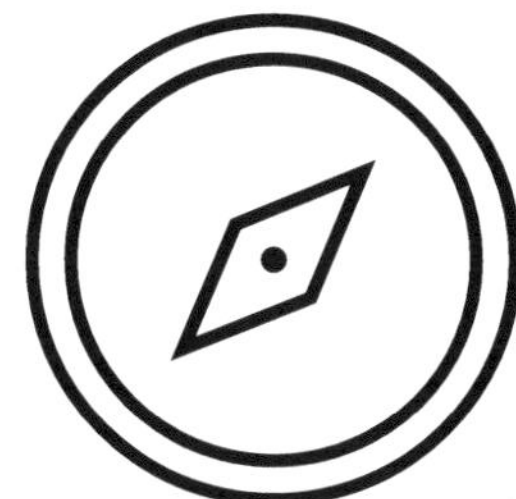

Hast du schon einmal darüber nachgedacht, wie du dich fühlst? An einigen Tagen fühlen wir uns eher wie ein strahlender Sonnenschein, während andere Tage uns das Gefühl geben, ein großes Unwetter mit Donner ziehe auf. Gefühle sind dabei unterschiedliche Wetterlagen, die unser Innerstes lenken. Sie können dir nicht nur ein schönes Gefühl vermitteln, sondern dir auch im Weg stehen. Damit du in verschiedenen Situationen, wie beispielsweise im Umgang mit deinen Freunden oder aber in der Schule, besser mit deinen Gefühlen umzugehen lernst, ist es zunächst einmal wichtig, dass du verstehst, wie du deine Gefühle benennen kannst. Hierzu ist es zunächst einmal wichtig, dass du deine Gefühle erkennst und den Wortschatz für deine Emotionen erweiterst. Dabei können dir die folgenden Übungen helfen.

Übung: Gefühle erkennen

Wirkung:
Diese Übung hilft dir dabei, deine Gefühle besser zu erkennen.

So gehst du vor:
Hierzu beobachtest du dich in dem jeweiligen Gefühl genau. Stelle dir dazu die nachfolgenden Fragen.

Welche Haltung nimmt dein Körper ein?

Beispiele:
Freude kann sich äußern in:
Lächeln
Hüpfen oder Tanzen vor Freude
Aufregung
glänzenden (strahlende) Augen

Traurigkeit kann sich äußern in:
gesenktem Kopf
Tränen
langsamen Bewegungen
herunterhängenden Schultern

Wut kann sich äußern in:
angespannten Muskeln
gerötetem Gesicht
zusammengekrampften Händen
zügigeren Bewegungen

Angst kann sich äußern in:
flacher Atmung
Zittern
ängstlichen Augen

Ekel kann sich äußern in:
zusammengezogenem Körper
faltiger Nase
abgewandtem Blick

Verlegenheit kann sich äußern in:
gerötetem Gesicht
gesenktem Blick

Wie verändert sich dein Gesichtsausdruck?

Beispiele:
Freude kann sich äußern in:
Lächeln
strahlenden Augen

Traurigkeit kann sich äußern in:
gesenkten Mundwinkeln
gesenktem Blick
Tränen in den Augen

Wut kann sich äußern in:
angespannter Gesichtsmuskulatur
zusammengepressten Lippen
Stirnrunzeln
nach unten gezogenen Augenbrauen

Angst kann sich äußern in:
gespitzten Mundwinkeln
nach oben gezogenen Augenbrauen
angespannten Gesichtszügen
großen und ängstlichen Augen

Ekel kann sich äußern in:
hochgezogener Oberlippe
Falten um Nase und Mund

Verlegenheit kann sich äußern in:
Erröten
nach unten gesenktem Blick
eher verlegenem Lächeln

Was fühlst du in deinem Inneren?

Beispiele:
Freude kann sich äußern in:
Glücklichsein
Aufregung

Traurigkeit kann sich äußern in:
Niedergeschlagenheit
Leere
Verletzlichkeit

Wut kann sich äußern in:
Ärger
Frustration

Angst kann sich äußern in:
Unsicherheit
Nervosität
Angst

Ekel kann sich äußern in:
Unwohlsein
Abneigung

Verlegenheit kann sich äußern in:
Unsicherheit
Verlegenheit
Vorsicht
Zurückhaltung

Was macht dich gerade traurig/wütend/glücklich/ängstlich?

Beispiele:
Traurig:
Der Verlust eines Haustiers.
Der Streit mit einem Freund.
Streit mit den Geschwistern.
Ein Wunsch, den dir deine Eltern nicht erfüllen wollen.

Wütend:
Du fühlst dich ungerecht behandelt.
Jemand anderes nimmt ohne Fragen deine Sachen und macht diese kaputt.
Du kannst eine Aufgabe in der Schule nicht lösen.
Du findest, man hat dich unfair behandelt.

Ängstlich:
Eine neue Situation macht dir Angst.
Die bevorstehende Klassenarbeit macht dir Angst.
Du hast ein erschreckendes Geräusch gehört, das du nicht zuordnen kannst.

Angeekelt:
Du hast einen unangenehmen Geruch wahrgenommen oder etwas probiert, was dir nicht geschmeckt hat.
Du bist mit einem unangenehmen Gegenstand in Berührung gekommen (zum Beispiel Matsch oder Kleister).
Du siehst etwas, was du als widerlich empfindest.

Verlegen:
Du weißt nicht, wie du auf ein Kompliment reagieren sollst.
Du sollst etwas tun, was du noch nicht so gut kannst.
Du weißt nicht, wie du dich in einer bestimmten Situation verhalten sollst.

Wo in deinem Körper spürst du das Gefühl gerade?

Beispiele:
Traurig:
Im Bereich der Brust. Deine Brust wird schwer und fühlt sich eng an.
Im Bereich des Bauches: Du hast das Gefühl, du hast einen Knoten im Magen.

Wütend:
Im Gesicht: Dein Gesicht wird heiß und rot.
In deinen Händen: Du ballst deine Hände zur Faust und sie zittern.
Im Bereich deines Bauches: Dein Bauch fühlt sich angespannt und aufgebläht an.

Ängstlich:
Im Magen: Dein Magen ist aufgeregt und du fühlst dich, als wäre dir übel.
Im Bereich des Herzens: Dein Herz schlägt schneller als gewohnt und klopft laut.
In deinen Muskeln: Deine Muskeln verspannen sich und beginnen, zu zittern.

Angeekelt:
Im Magen: Dein Magen fühlt sich an, als wollte er sich umdrehen. Du empfindest Übelkeit.
Im Gesicht: Deine Nase zieht sich zusammen und wirft sich ebenso wie dein Mund in Falten.

Verlegen:
In deinem Gesicht: Dein Gesicht wird rot und warm.
In deinem Bauch: Dein Bauch fühlt sich kribbelig an.

Tipp:
Wenn du gerne malst, kannst du die Antworten auf diese Fragen auch in einem Bild festhalten. Lege dir hierzu beispielsweise eine Mappe an, in der du unterschiedliche Emotionen sammelst. Wann immer du ein bestimmtes Gefühl verspürst, kannst du deine Bilder durchgehen und dich daran erinnern, wie du dich beim letzten Mal gefühlt hast.

Übung: Die Gefühlsampel – Gefühle benennen

Wirkung:
Diese Übung trägt dazu bei, dass du lernst, deinen Gefühlen einen Namen zu geben. Die Übung an sich nutzt Farben, um deine unterschiedlichen Emotionen auszudrücken.

Das benötigst du:

- Papier
- Buntstifte oder alternativ Filzstifte
- Klebstoff

So gehst du vor:
Aus dem Papier, das du dir für die Durchführung der Übung zurechtgelegt hast, schneidest du drei große Kreise aus. Diese Kreise dienen dir im weiteren Verlauf dazu, deine Ampel zu basteln.

Im nächsten Schritt zeichnest du nach deinen Wünschen eine Ampel. Deiner Kreativität sind hierbei keine Grenzen gesetzt. Wichtig ist ausschließlich, dass du deine Ampel mit drei Farbkreisen ausstattest, ebenso wie du sie von einer gewöhnlichen Ampel im Straßenverkehr kennst. Die Farbkreise sollten die Farben Grün, Gelb und Rot aufweisen. Hierzu kannst du die ausgeschnittenen Kreise in diesen Farben ausmalen.

Nachdem du deine Ampel gezeichnet hast, nimmst du die ausgeschnittenen Kreise zur Hand und klebst sie auf deine Ampel. Klebe die Kreise dabei so auf, dass unterhalb der Kreise noch etwas Platz für Beschriftungen bleibt. Möchtest du dich beim Aufkleben an einer gewöhnlichen Ampel orientieren, klebst du die Kreise von oben nach unten in folgender farblicher Reihenfolge auf:

- Rot
- Gelb
- Grün

Folgendermaßen kannst du deine Ampel nun beschriften:

Farbe	Beschriftung
Rot	wütend, verärgert, aufgeregt
Gelb	glücklich, freudig, fröhlich, aufgeregt, neugierig
Grün	zufrieden, ruhig, entspannt, sicher, gelassen

Willst du deinen Eltern nun beispielsweise mitteilen, wie du dich gerade fühlst, kannst du deine Ampel nutzen, um deine Gefühle zu erklären und diese genau zu benennen.

Übung: Stimme macht Stimmung

Wirkung:
Durch die unterschiedlichen Möglichkeiten der Betonung setzt du dich bewusst mit den Tonlagen auseinander, die andere Menschen bei ihren Äußerungen haben können. Wiederholst du die Übung regelmäßig, wird es dir zukünftig leichter fallen, Gefühle bei anderen zu erkennen und deine eigenen Gefühle besser auszudrücken.

So gehst du vor:
Überlege dir verschiedene Situationen, in denen du die Vorsilbe „Ah" benutzt. Denke darüber nach, wie du diese Silbe in unterschiedlichen Weisen betonen kannst und wie sich ihre Bedeutung dabei verändert. Zum besseren Verständnis kannst du die Betonung auch laut üben.

Folgende mögliche Deutungen sind mit dieser Silbe möglich:

- **Überraschung und Staunen:** Viele Menschen benutzen den Ausdruck „Ah", um Staunen und Überraschung auszudrücken. In diesem Fall liegt die Betonung auf dem „A". Das „h" ist dann kaum noch zu hören.

Beispiel:
Ah, das ist aber erstaunlich!
Ah, das wusste ich gar nicht.

- **Verständnis oder Erkenntnis**: Innerhalb von Gesprächen kann der Ausdruck „Ah" auch verwendet werden, um zu signalisieren, dass du etwas verstanden hast, was dir gerade erklärt wurde. Betont wird das „Ah" dann etwas anders. Hier wird das „h" etwas mehr hervorgehoben.

Beispiel:
Ah, das meintest du.
Ah, ich habe verstanden, wie das funktioniert.

- **Schmerz und Leiden**: Einige Menschen äußern ihren Schmerz bei einer Verletzung mit dem Ausdruck „Ah". Anders als bei den vorangegangenen Erläuterungen liegt hier dann die Betonung auf dem „A". Das „h" hingegen bleibt kurz und ist kaum hörbar.

Beispiel:
Ah, das tut weh.

Tipp:
Wenn dir diese Übung noch etwas schwerfällt, kannst du deine Eltern um Hilfe bitten.

Übung: Charade der Emotionen

Das benötigst du:

- einen Karton oder eine Schüssel
- Zettel, auf denen verschiedene Emotionen festgehalten sind

Folgende Emotionen eignen sich für deine Zettel:

- glücklich
- traurig
- aufgeregt
- verlegen
- neugierig
- erfreut
- enttäuscht
- ängstlich
- verwirrt
- ...

Ziel der Übung:
Mithilfe dieser Übung kannst du das Verständnis für verschiedene Emotionen und den körperlichen Ausdruck von Gefühlen fördern.

So gehst du vor:
Im ersten Schritt ordnest du jedem Zettel eine Emotion zu, indem du ihn beschriftest. Im Anschluss faltest du den Zettel und packst ihn in einen Karton oder eine Schüssel. Wenn du alle Zettel fertig hast, ziehst du blind einen Zettel aus deinem Karton und liest dir den darauf befindlichen Begriff durch. Deine Aufgabe ist es nun, die Emotion auf deinem Zettel ohne die Verwendung von Worten nachzustellen. Hierzu kannst du neben deinem Gesicht auch deinen Körper in Bewegung versetzen und sprechen lassen.

Tipp:
Du kannst diese Übung vor dem Spiegel durchführen und dich bei der Imitation der unterschiedlichen Emotionen aufmerksam im Spiegel beobachten. Darüber hinaus kannst du das Spiel mit weiteren Kindern spielen und ihr könnt gegenseitig erraten, welche Emotion das jeweils andere Kind imitiert.

Übung: Gefühlstagebuch

Das benötigst du für die Umsetzung:

- Ein kleines Notizbuch oder einzelne Blätter
- Bunte Stifte

Ziel der Übung:
Mithilfe der Übung sollst du lernen, deine eigenen Gefühle besser zu verstehen.

Hinweis:
Sollte es dir noch schwerfallen, deine Gefühle schriftlich auszudrücken, kannst du anstelle von Text auch mit Bildern zu deinen Gefühlen arbeiten und dir diese immer wieder anschauen.

So gehst du vor:
Um deine Gefühle besser zu verstehen, kannst du jeden Tag in deinem Tagebuch festhalten, wie du dich gefühlt hast. Hierbei hast du die Möglichkeit, dich mit Worten oder Bildern auszudrücken. Um deine Gefühle nachvollziehen zu können, kannst du jedes Blatt mit einem Datum versehen, sodass du deine Gefühlslagen auch später noch nachvollziehen kannst.

Solltest du dich für Text entscheiden, muss dieser nicht umfangreich sein.

Tipp:
Wenn du die Übung jeden Tag zu einer bestimmten Uhrzeit (zum Beispiel vor dem Schlafengehen) durchführst, wirst du schon bald nicht mehr darüber nachdenken müssen, weil die Übung dann zu deinen täglichen Aufgaben gehört und zum festen Bestandteil deines Tages wird.

Neben der Fähigkeit, dass du deine Gefühle mit Worten ausdrücken kannst, ist es aber auch wichtig, dass du die Signale deines Körpers zu deinen Empfindungen verstehen und deuten kannst. Emotionen können nämlich nicht nur in deinem Gesicht, sondern auch in deinem Körper wahrgenommen werden.

Bist du beispielsweise glücklich, lässt sich das leicht an dem Lächeln in deinem Gesicht ablesen. Aber nicht nur das! Auch dein Herz kann schneller klopfen, wenn du aufgeregt bist. Oder vielleicht hast du auch schon einmal wahrgenommen, dass deine Beine vor Freude wackeln.

Wenn du hingegen Trauer verspürst, könnte es sein, dass deine Schultern sich nach unten bewegen und wirken, als würden sie herunterhängen.

Spürst du Wut, kann es darüber hinaus sein, dass deine Hände zittern und sich deine Stirn in Falten legt. Auch in diesem Fall beginnt dein Herz, schneller zu schlagen, und du verspürst das Gefühl von ungebetener Energie, die gerne deinen Körper verlassen möchte (oft spricht man hier auch von der sogenannten Wut im Bauch).

Damit du all diese und weitere Gefühle verstehen lernst, ist es wichtig, dass du weißt, wie dein Körper die jeweilige Emotion zeigt. Eine der bedeutsamsten Übungen ist dabei die aufmerksame Beobachtung deines Körpers, wie dir die nächste Übung zeigen wird.

Eine Beispielvorlage zum Ausdrucken für ein Stimmungstagebuch findest du im Bonus.

Übung: Körper beobachten

Das benötigst du:

- ein Notizbuch
- einen Stift

So gehst du vor:
Nimm dir jeden Tag einige Minuten Zeit, um deinen Körper aufmerksam zu beobachten. Hierzu kannst du dich beispielsweise bequem auf dem Bett platzieren und dich fragen:

Wie fühlt sich mein Körper gerade an?

Um deine Empfindungen besser beobachten zu können, kann es für diese Übung hilfreich sein, wenn du dir die Antworten auf diese Fragen in einem Notizbuch festhältst und dir im Nachgang überlegst, welche Emotion die Signale deines Körpers wiedergeben.

Folgendermaßen könnte ein möglicher Eintrag in deinem Notizbuch aussehen:
Mein Herz schlägt schneller als gewöhnlich. Meine Hände sind warm. Möglicherweise bin ich aufgeregt.

Übung: Körperscan

Das benötigst du:

- einen ruhigen Ort zum Durchführen der Übung

So gehst du vor:

Für diese Übung ziehst du dich am besten an einen ruhigen Ort zurück. Dann nimmst du eine bequeme Haltung ein und schließt die Augen. In Gedanken beginnst du im Anschluss, verschiedene Körperteile zu „scannen“. Spüre, wo sich dein Körper möglicherweise verspannt anfühlt, wo er warm ist oder sich einfach anders als gewöhnlich anfühlt. Überlege im Anschluss, für welche Emotionen diese körperlichen Veränderungen stehen könnten.

Für das Erkennen und Benennen deiner Gefühle ist es über diese Übungen hinaus wichtig, dass du lernst, mit anderen Menschen über deine Gefühle zu sprechen. Wenn du deine Gefühle teilst, können andere verstehen, wie es dir geht, und dich besser unterstützen. Aus diesem Grund ist es wichtig, dass du zum Experten für deine Gefühle wirst, was mit der nächsten Übung möglich wird.

Einen entspannenden Körperscan als Audiodatei findest du im Bonus unter „Ganz, ganz ruhig“.

Übung: Wortschatzerweiterung für Emotionen

Das benötigst du:

- ein Blatt Papier
- einen Stift

So gehst du vor:

Liste die Wörter für Emotionen, die du bereits kennst, einmal auf. Gibt es darüber hinaus noch weitere Begriffe, mit denen du deine Empfindungen beschreiben kannst? Kennst du beispielsweise Begriffe, die deine Gefühle bildlich umschreiben? Ergänze deine Liste um diese Begriffe.

Beispiel:

Emotion	**Wort zur Beschreibung**	**Bild**
Freude	• fröhlich • begeistert • strahlend • glücklich • aufgeregt	• ein lachendes Gesicht • ein Regenbogen
Trauer oder Traurigkeit	• bedrückt • niedergeschlagen • enttäuscht • verletzt • traurig	• ein trauriges Gesicht • Regentropfen an einem Fensterrahmen
Wut	• zornig • ärgerlich • erregt • frustriert	• ein rotes Gesicht, das die Augenbrauen nach oben zieht • ein zerplatzter Luftballon
Angst	• nervös • unsicher • besorgt • unruhig • ängstlich • beunruhigt	• ein beunruhigender Schatten • die Zeichnung einer unheimlichen Ecke

Ekel	• Abscheu • widerwillig • angeekelt • abgestoßen • angewidert	• ein Gesicht, das angewidert schaut • eine Schlange (falls du Schlangen unangenehm findest)
Verlegenheit	• peinlich berührt • schüchtern • unsicher • verlegen • zurückhaltend	• ein Gesicht, das die Hände nutzt, um die Augen zuzuhalten • eine Figur, die den Kopf senkt

Tipp:
Hebe die erstellte Liste auf und ergänze sie, wann immer du eine neue Emotion kennenlernst. So kannst du immer wieder darauf zurückgreifen. Sollten dir keine weiteren Emotionen in den Sinn kommen, kannst du deine Eltern oder die Familie um Hilfe bitten.

Übung: Gefühle ausdrücken

So gehst du vor:
Für diese Übung bildest du Sätze. Hierzu nutzt du die nachfolgenden Emotionen:

- Angst
- Wut
- Trauer
- Freude
- Unsicherheit
- Glück
- ...

Mithilfe dieser Begriffe versuchst du, deine Gefühle in Form eines Satzes zu erläutern.

Beispiel:
Ich bin glücklich, weil ich heute meine Freunde treffen konnte.

Wenn es dir schwerfällt, deine Emotionen mit Worten auszudrücken, kannst du auch eine Gefühlsuhr basteln, die dir dabei hilft, deine Gefühle leichter auszudrücken.

Folgendes benötigst du hierzu:

- Etwas Pappe, aus der sich ein großer Kreis ausschneiden lässt
- Bunte Stifte
- Kleber
- Eine Schere
- Eine Lochklammer oder Büroklammer

Lass dir von deinen Eltern helfen. Klebe die Emotionen sowie den Hintergrund und den Pfeil vollständig auf Pappe. So verleihst du ihnen zusätzliche Stabilität. Jetzt schneidest du die Einzelteile einzeln aus, also den Zirkel, den Pfeil und alle Emotionen (10 x). Frage ruhig deine Eltern, wenn du dabei Hilfe benötigst. Als Nächstes klebst du die einzelnen Emotionen in die Felder deines Zirkels ein. Die kleinen Kreise sind dabei die Klebeflächen. Dann nimmt einer deiner Eltern die Schere und sticht vorsichtig ein Loch in die Mitte deiner Uhr und daran befestigt ihr den Zeiger – in der Mitte deiner Gefühlsuhr.

Tipp:
Der Zeiger lässt sich beispielsweise mit einer Lochklammer befestigen.

Wenn du deine Gefühlsuhr fertiggestellt hast, kannst du sie nutzen, um mit deinen Eltern oder Freunden über deine aktuellen Gefühlslagen zu sprechen und ihnen diese deutlich zu machen.

Mithilfe der hier angeführten Übungen hast du nun bereits einen wertvollen Schritt gemacht. Du hast gelernt, deine Gefühle zu benennen und zu erkennen sowie die Signale deines Körpers zu deuten. Behalte bei all den von dir ausgeführten Übungen und auch im Alltag immer im Hinterkopf, dass es keine „richtigen" oder „falschen" Gefühle gibt und dass jedes Gefühl ein Recht darauf hat, von dir angenommen zu werden. Sei mutig und traue dich, deine Gefühlswelt zu entdecken.

Die Vorlage der Bastelanleitung findest du im Bonus.

KONZENTRATIONSFÖRDERUNG DURCH DIE „EMOTIONSLANDKARTE“

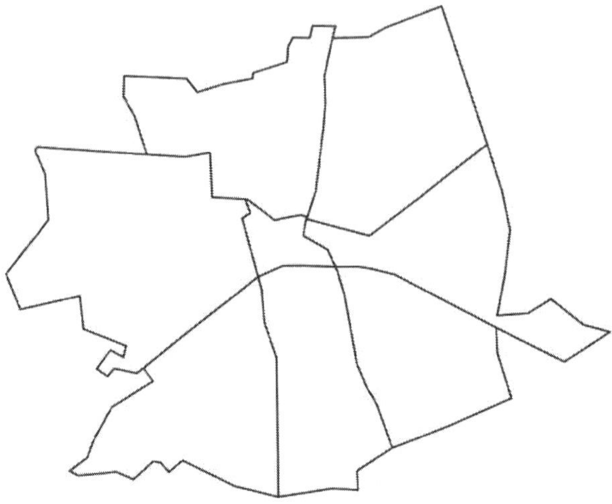

„Konzentriere dich doch mal!“ – Diesen Satz oder ähnliche Aufforderungen hast du bestimmt auch schon mehr als einmal gehört. Vermutlich wollten dir deine Lehrer damit nur sagen, dass du besser aufpassen sollst. Aber was wird unter Konzentration überhaupt verstanden und kann man sie lernen? Die gute Nachricht: Du kannst!

Die Fähigkeit, dich auf etwas zu konzentrieren, ist für dich und deine Entwicklung sehr wichtig. Sich auf etwas zu konzentrieren, bedeutet dabei nichts anderes, als sich gewollt mit einer Sache für eine bestimmte Zeit zu beschäftigen.

Beispiel:
Du erledigst Hausaufgaben, die dir die Lehrerin während des Mathematikunterrichtes aufgetragen hat. Um die Aufgaben zu lösen, musst du die Aufgaben genau lesen und sie im Anschluss lösen. Während du zur Lösung übergehst, lässt du dich von nichts ablenken. Du konzentrierst dich also.

Demnach sagt die Konzentrationsfähigkeit aus, wie gut und lange du in der Lage bist, dich auf eine Aufgabe zu fokussieren. Hast du beispielsweise eine hohe Konzentrationsfähigkeit, kannst du dich besonders lange auf das Lösen einer bestimmten Aufgabe konzentrieren. Fällt dir das eher schwer, kann das daran liegen, dass deine Konzentrationsfähigkeit noch nicht so gut ausgeprägt ist. In diesem Fall bist du schnell ablenkbar oder erschöpft. Aber keine Sorge: Selbst, wenn deine Konzentration noch nicht so gut ausgeprägt ist, kannst du das spielerisch lernen. Wie das gelingt, erfährst du nachfolgend.

Übung: Emotionslandkarte erstellen

Das benötigst du:

- Ein Blatt Papier
- Bunte Stifte

So gehst du vor:
Nimm dir das Papier vor und zeichne darauf eine Landkarte. Hierbei spielt es keine Rolle, ob es sich bei der Landkarte um eine Fantasiekarte oder einen realistischen Ort handelt. Nachdem du die Karte gezeichnet hast, markierst du auf ihr unterschiedliche Standorte, die für die Unterschiedlichkeit deiner Emotionen stehen.

Für die Emotion „Glück“ kannst du beispielsweise einen Hügel anfertigen. Willst du hingegen die Emotion „Ärger“ ausdrücken, kannst du einen Berg zeichnen. Um das Gefühl von Entspannung auszudrücken, zeichne gerne einen ruhigen See. Deiner Fantasie sind bei den unterschiedlichen Orten keine Grenzen gesetzt.

Wenn du die möglichen Emotionen eingezeichnet hast, kannst du mithilfe der nachfolgenden Übung daran arbeiten.

Übung: Emotionen identifizieren

Das benötigst du:

- Deine Emotionslandkarte

So gehst du vor:
Nimm dir deine Emotionslandkarte vor und versuche, über die eingezeichneten Emotionen nachzudenken. Im Anschluss überlegst du dir Antworten auf die nachfolgenden Fragestellungen:

- Wie fühlt es sich an, wenn ich diese Emotion erlebe?
- Wie fühlt sich mein Körper an?
- Welche Gedanken gehen mir dabei durch den Kopf?
- Habe ich bei dieser Emotion bestimmte Verhaltensweisen?

Diese Fragen beantwortest du für alle Emotionen auf deiner Landkarte. Bei den Emotionen, die für dich besonders unangenehm sind, kannst du dir darüber hinaus überlegen, wie du anders handeln könntest, damit das jeweilige Gefühl möglichst schnell wieder verschwindet. So kannst du nach und nach Lösungsstrategien entwickeln, die dir helfen, mit deinen Emotionen besser umzugehen. Folgende Lösungsstrategien kannst du beispielsweise anwenden:

Lösungsstrategien für den Alltag:

Bewegung und körperliche Aktivität
Hast du das Gefühl, dass dich deine Emotionen im Alltag überwältigen, kannst du dazu übergehen, dich in Bewegung zu setzen. Laufe eine Runde durch den Garten, sprinte auf einem Waldweg oder tanze bei lauter Musik. All dies kann dazu führen, dass du dich schon nach kurzer Zeit sehr viel besser fühlen wirst.

Entspannungstechniken zum Stressabbau:
Wirst du im Alltag öfter von deinen Emotionen überwältigt, kann es hilfreich sein, wenn du deine Handinnenflächen mit sanften Bewegungen in Form von Kreisen massierst. Dies wird dir in der akuten Situation helfen, deinen Stress abzubauen.

Selbstgespräche führen:
Wann immer du im Alltag Stress empfindest, kannst du dir eine kurze Auszeit nehmen. Bist du beispielsweise in der Schule, bittest du darum, kurz zur Toilette zu dürfen. Im Anschluss suchst du dir eine ruhige Ecke und gehst dazu über, dich selbst zu beruhigen.

Hierzu sagst du dir Dinge, die dich unterstützen, zu einem positiven Gefühl zurückzukehren. Folgendes könntest du dir beispielsweise sagen:

- Es ist okay, dass ich traurig bin, und ich darf auch darüber sprechen.
- Ich bin stark und kann das schaffen.
- Es ist in Ordnung, nach Hilfe zu fragen, wenn ich diese brauche.
- Ich bin wichtig und wertvoll.
- Meine Ideen sind gut und ich habe viele davon.
- Ich bin mutig und traue mich, meinen Weg zu gehen.
- Ich bin stolz auf mich und kann alles schaffen, was ich mir wünsche.

Achte aber darauf, dass dieser Moment (sofern er im schulischen Kontext stattfindet) nicht zu viel Zeit einnimmt und wirklich nur wenige Minuten dauert, damit sich deine Lehrer nicht wundern. Solltest du diese Momente öfter brauchen, könntest du außerdem deine Eltern darum bitten, mit deinem Lehrer über diese kleinen Auszeiten zu sprechen.

Übung: Emotionen erforschen

Das benötigst du:

- Deine Emotionslandkarte

So gehst du vor:
Für die Durchführung dieser Übung wirfst du erneut einen Blick auf deine Emotionslandkarte und denkst an verschiedene Situationen, die die Gefühle auf deiner Emotionslandkarte in dir auslösen. Versuche im Anschluss, herauszufinden, welcher der Orte auf deiner Landkarte deine aktuellen Emotionen widerspiegelt.

Tipp:
Wiederhole diese Übung von Zeit zu Zeit und frage dich immer wieder, wie du dich gerade fühlst. Wenn du möchtest, kannst du über die jeweiligen Emotionen auch mit deinen Eltern sprechen, um von ihnen Unterstützung zu erhalten.

Dass die Konzentration ein wichtiger Baustein in deiner Entwicklung ist, hast du eingangs bereits kurz erfahren. Sie hilft dir dabei, deine Gedanken zu ordnen und deine Fähigkeiten noch besser zu entfalten. Indem du dir immer wieder ins Gedächtnis rufst, wie du dich gerade fühlst, kannst du lernen, besser zu verstehen, was in deiner Gefühlswelt vor sich geht. Solltest du also das nächste Mal feststellen, dass deine Gedanken auf Wanderschaft gehen, kannst du dir deine Emotionslandkarte zur Hand nehmen und dich fragen, an welchem Ort du dich gerade befindest. Denke bei all der Übung aber auch daran, dass es in Ordnung ist, von Zeit zu Zeit abgelenkt zu sein – das ist jeder Mensch von Zeit zu Zeit. Wichtig ist nur, dass du lernst, dieses Hindernis im Alltag und besonders in der Schulzeit zu überwinden. Mit den hier angebotenen Übungen bist du auf dem besten Weg.

Konzentrationsförderung durch Visualisierung

Im vorangegangenen Kapitel hast du bereits erfahren, dass deine Konzentration sich trainieren lässt. Das kannst du dir vorstellen wie einen Muskel, dem du durch viel Übung mehr Kraft verleihen möchtest. Willst du beispielsweise ein neues Spiel lernen oder ein Buch lesen, funktioniert das nur, wenn du dich vollständig darauf konzentrierst. Je mehr du übst, desto besser wird deine Konzentrationsfähigkeit. Wie du diese Fähigkeit mithilfe der Emotionslandkarte steigern und verbessern kannst, hast du bereits im vorangegangenen Kapitel gelernt. In diesem Abschnitt des Buches wird es um eine weitere Technik gehen: die Visualisierung. Die Technik der Visualisierung kannst du dir wie ein Bilderbuch in deinem Kopf vorstellen.

Beispiel:
Wenn dir im Gespräch jemand sagt, du sollst dir bitte einmal einen Regenbogen vorstellen, hat dein Gehirn sofort eine Vorstellung davon, wie ein Regenbogen auf einem Bild auszusehen hat.

Dass du so eine konkrete Vorstellung von einem Regenbogen hast, liegt daran, dass wir in der Lage sind, in Bildern zu denken. Das Denken in Bildern hilft uns dabei, Dinge besser zu verstehen oder uns leichter an etwas zu erinnern. Stellst du dir also etwas konkret vor, ist das fast so, als würde sich in deinem Kopf eine kurze Szene eines Films abspielen. Das konkrete Vorstellen unterstützt dich, deine Konzentration besser aufrechtzuerhalten. Wie dir das in der Praxis gelingt, erfährst du mithilfe der nachfolgenden Anleitung zur Übung.

Übung: Nutze deine Vorstellungskraft

Das benötigst du:

- Einen ruhigen Raum, in dem du die Übung durchführen kannst

So gehst du vor:
Wähle zunächst eine ruhige Umgebung aus. Sorge dafür, dass du dich an dem von dir gewählten Ort wohlfühlst und nicht abgelenkt wirst. Im Anschluss formulierst du dir klare Ziele und überlegst dir, was du erreichen möchtest. Hierbei spielt es keine Rolle, ob du im Anschluss an deine Übung lesen, malen, spielen oder deine Hausaufgaben erledigen möchtest. Nachdem du dir im Klaren darüber bist, welche Absicht hinter deiner Übung steht, schließt du die Augen und stellst dir vor, wie die von dir ausgewählte Aufgabe erledigt wird. Außerdem denkst du daran, wie du dich fühlen würdest, wenn du erfolgreich wärst. In deinem Kopf erzeugst du dabei ein Bild davon, wie du dich Schritt für Schritt durch die entsprechende Aufgabe arbeitest. Außerdem lenkst du deine Aufmerksamkeit darauf, wie du die Aufgabe mit viel Freude und ausreichend Energie angehst. Im nächsten Schritt formulierst du dir positive Sätze, die dich bei der Bewältigung der Aufgabe unterstützen.

Beispiel:
„Ich bin ruhig und konzentriert."
„Ich schaffe das."
„Ich bin gut darin, meine Hausaufgaben zu erledigen."
„Ich kann gut malen."
...

Die Sätze aus dem obigen Beispiel (oder auch andere, die dir einfallen – deiner Fantasie sind keine Grenzen gesetzt) wiederholst du nun mehrmals. Atme hierzu zunächst tief ein. Dann sagst du dir folgenden Satz: „Ich bin beruhigt und konzentriert." Atme dann noch einmal aus. Nach dem Ausatmen atmest du erneut tief ein. Sage laut: „Ich schaffe das!" Danach atmest du wieder aus. Als Nächstes sagst du dir den Satz: „Ich bin gut darin, meine Hausaufgaben zu erledigen." Erneut atmest du ein und dann noch einmal tief aus. Danach kannst du dich erneut daran versuchen, die Aufgabe umzusetzen.

Nachdem du die Atemübung durchgeführt hast, öffnest du die Augen wieder. Nun ist es wichtig, dass du im Anschluss umgehend mit der Durchführung der von dir gewünschten Aufgabe beginnst. Hier solltest du darüber hinaus den positiven Effekt der Visualisierungsübung nutzen.

Tipp:
Die Übung eignet sich für jeden beliebigen Zusammenhang. Du kannst sie daher auch in anderen Kontexten außer den hier benannten verwenden.

Wenn du die obige Übung bereits einige Male durchgeführt hast, kannst du die Übung noch etwas erweitern. Hierzu gehst du entsprechend der nachfolgenden Anleitung vor.

Übung: Reise zur Konzentrationsinsel

Das benötigst du:

- Einen ruhigen Ort für die Durchführung der Übung

So gehst du vor:
Setze oder lege dich gemütlich hin. Schließe deine Augen und nimm einige tiefe Atemzüge. Hierzu zählst du bis drei. Dann atmest du tief ein. Während des Einatmens zählst du erneut bis 3, bevor du im Anschluss wieder ausatmest. Damit die Atmung gleichmäßig bleibt, zählst du hierbei erneut bis drei.

Atme langsam und stelle dir vor, du wärst ein kleiner Bär, der vorsichtig an einer hübschen Blume riecht. Nachdem du an der Blume gerochen hast, pustest du die Luft wieder aus, als wolltest du eine Pusteblume wegpusten. Dabei stellst du dir vor, dass du dich auf einer sonnigen Insel befindest. Die Insel ist in diesem Moment nur von dir besucht. Stelle dir vor, wie sie aussieht, welche Pflanzen du findest und wie sich der Sand unter deinen Füßen anfühlt. Spüre die Wärme der Sonne und rieche den salzigen Geruch des Meeres in der Luft. Blicke in den klaren, blauen Himmel und atme noch einmal tief durch. Dann schaust du dich auf der Insel um und rufst dir deine Gefühle ins Gedächtnis. Stelle dir dabei die nachfolgenden Fragen:

- Wie fühlst du dich gerade?
- Bist du glücklich, aufgeregt oder vielleicht sogar müde?

Ganz gleich, welches Gefühl du gerade in deinem Körper spüren kannst, jedes Gefühl ist auf deiner Konzentrationsinsel willkommen. Wenn du dir darüber im Klaren bist, wie du dich gerade fühlst, machst du dich auf die Suche nach einem magischen Schalter. Mit diesem kannst du deine Konzentration besser steuern. Keine Sorge! Er ist bunt und glänzt in der Reflexion der Sonne, du wirst ihn also nicht übersehen. Wenn du den Schalter gefunden hast, legst du ihn um. Im Anschluss konzentrierst du dich auf eine von dir ausgewählte Sache. Das kann sowohl ein Tier als auch ein Gegenstand oder etwas anderes sein.
Deine Aufmerksamkeit lenkst du nun ausschließlich auf diese Vorstellung. Dann verbringst du noch einen kurzen Moment auf deiner Insel und prägst dir noch einmal gut ein, wie es sich für dich anfühlt, deine Gedanken so zu lenken. Sobald du bereit bist, deine Insel wieder zu verlassen, kannst du langsam deine Augen öffnen.

Tipp:
Diese Übung kannst du beliebig oft wiederholen und bei Bedarf kannst du immer wieder auf deine Konzentrationsinsel zurückkehren.

Du hast nun das Kapitel zur Konzentrationsförderung durchgearbeitet. Die Übungen haben dir gezeigt, wie viel Macht deine Vorstellungskraft haben kann und dass du diese, wann immer es dir schwerfällt, einer bestimmten Sache nachzugehen, mit einfachen Techniken unterstützen und deine Konzentration fördern kannst. Führst du die hier angeführten Übungen regelmäßig durch, kann dies dazu beitragen, dass du deine Ziele erreichen kannst. Außerdem helfen dir die Übungen, deine Gedanken zu lenken, wenn sie sich gerade einmal wieder entschlossen haben, dich abzulenken. Mit ein wenig Geduld und etwas Übung befindest du dich schon bald auf dem richtigen Weg.

Teil 4: Partnerübungen – Vertrauensvolle Beziehungen aufbauen

Partnerübungen zur gemeinsamen Emotionsregulation

Im Rahmen dieses Kapitels erhalten Sie einige Partnerübungen, die Ihrem Kind beim Erlernen der Selbstregulation hilfreich sein können. Bevor Sie an die Umsetzung gehen, sollten Sie sich jedoch einige Aspekte bewusst machen, da diese einen Einfluss auf das Gelingen der einzelnen Übungen haben können.

Folgendes sollten Sie beachten:

- Klären Sie vor der Durchführung der jeweiligen Übungen ab, ob Ihr Kind sich dazu bereit erklärt, an den nachfolgenden Partnerübungen teilzunehmen. Kommunikation und Einverständnis sind hierbei wichtig, damit sich Ihr Kind wohl und sicher fühlt und sich auch unvoreingenommen auf die jeweilige Trainingseinheit einlassen kann.
- Beim Trainingspartner Ihres Kindes sollten Sie außerdem beachten, dass es sich um jemanden handelt, dem Ihr Kind sein Vertrauen schenkt und mit dem es gut auskommt. Als Partner bieten sich dabei sowohl Geschwister als auch enge Freunde oder aber Ihre Wenigkeit an. Die positive Beziehung zum Übungspartner ist dabei entscheidend für den Erfolg der jeweiligen Übung.
- Geben Sie Ihrem Kind während der Durchführung der entsprechenden Übungen Anleitung und Sicherheit. Sorgen Sie dafür, dass Ihr Kind verstanden hat, was es tun soll. Lassen Sie dabei auch die Sicherheitsaspekte (sofern es diese gibt) nicht aus. Bitten Sie Ihr Kind außerdem darum, sich während der Übung nicht zu überanstrengen.
- Halten Sie Ihr Kind während der Durchführung der Übung dazu an, dass es sich und seinem Partner gegenüber achtsam und respektvoll ist. Bitten Sie es, einfühlsam wahrzunehmen, was der Übungspartner gerade braucht.
- Vergessen Sie im Rahmen der Übungsdurchführung nicht, dass auch Pausen wichtig sind. Das ist vor allem dann wichtig, wenn Sie das Gefühl haben, dass eine Übung Ihr Kind überfordern könnte oder es sich mit der Durchführung unwohl fühlt. Respektieren Sie dabei die Grenzen Ihres Kindes und versuchen Sie nicht, es zu überzeugen.
- Im Anschluss an die Durchführung der jeweiligen Übung sollten Sie sich gemeinsam mit Ihrem Kind Zeit nehmen, um diese zu reflektieren. Besprechen Sie dabei beispielsweise, was gut gelaufen ist und welche Herausforderungen sich im Verlauf der Übung ergeben haben.

- Behalten Sie im Hinterkopf, dass die Übungen Ihrem Kind Spaß und Freude bereiten sollten. Führen Sie diese daher nicht mit Druck und Zwang aus.
- Variieren Sie bei den Partnerübungen von Zeit zu Zeit. Auf diese Weise fördern Sie die Fähigkeit zur Selbstregulation in verschiedenen Kontexten.
- Bieten Sie Ihrem Kind im Verlauf der Übungen Unterstützung an. Stehen Sie ihm zur Seite und helfen Sie, wenn Fragen oder Schwierigkeiten auftreten.

Vertrauensvolle Beziehungen aufzubauen und die Emotionsregulation gemeinsam zu fördern, verstärkt – sofern Sie die Übung zusammen mit Ihrem Kind ausführen – Ihre gemeinsame Verbindung. Folgende Übungen können Ihnen dabei helfen.

Übung: Achtsames Miteinander

Das benötigen Sie:

- Eine ruhige Umgebung für die Durchführung der Übung
- Entspannungsmusik
- Nach Belieben Kerzen für eine schöne Atmosphäre

So gehen Sie vor:
Richten Sie sich gemeinsam mit Ihrem Kind eine bequeme Ecke ein. Geben Sie sich gegenseitig Kopf- oder Handmassagen, um die Verbundenheit zwischen Ihnen zu fördern. Bitten Sie Ihr Kind dann im weiteren Verlauf darum, Ihnen zu schildern, was es dabei empfindet und welche Gefühle diese Berührungen in ihm hervorrufen.

Beispielmassagen

Die Pizza-Massage

Bei der Pizza-Massage kommt Ihr Kind in die Kindeshaltung. Hierfür setzt es sich mit geschlossenen Knien und Füßen in den Fersensitz auf die Yogamatte und beugt sich mit der nächsten Ausatmung nach vorne und legt die Stirn vor den Knien auf der Matte ab. Die Arme liegen ganz entspannt neben dem Körper auf der Matte oder sind nach oben gestreckt, Schultern und Schlüsselbeine sinken zum Boden. Knien Sie sich nun hinter Ihr Kind und backen Sie auf seinem Rücken eine leckere Pizza. Das Rezept hierfür stammt von einem ganz berühmten Pizzabäcker aus Italien. Er macht die beste Pizza der ganzen Welt.

1. Zuerst muss der Pizzateig gut durchgeknetet werden: Machen Sie Knetbewegungen auf dem Rücken Ihres Kindes.

2. Anschließend muss der Teig gleichmäßig ausgerollt werden: Streichen Sie mit dem Unterarm flächig über den Rücken Ihres Kindes.

3. Nachdem der Teig gleichmäßig ausgerollt wurde, ist es an der Zeit, die Tomatensauce darauf zu streichen: Machen Sie mit flachen Händen Streichbewegungen über den Rücken Ihres Kindes.

4. Danach kommen die verschiedenen Gewürze und Kräuter auf die Pizza: Tippen Sie mit Ihren Fingerspitzen leicht auf den Rücken Ihres Kindes – so, als wenn Sie feine Gewürze und Kräuter darauf rieseln lassen würden.

5. Nun kann die Pizza nach Belieben belegt werden. Zuerst kommen Tomaten drauf: Drücken Sie sanft mit Ihren Handballen auf den Rücken Ihres Kindes.

6. Dann etwas Paprika: Tippen Sie mit allen fünf Fingern (halten Sie Ihre Hand wie eine Klaue) auf den Rücken Ihres Kindes.

7. Noch etwas Mais: Verteilen Sie den Mais mit Ihren Zeigefingern auf dem Rücken Ihres Kindes.

8. Und zum Schluss noch viel geriebener Käse: Klopfen Sie mit Ihren Fingern ganz sanft auf den Rücken Ihres Kindes.

9. Mmmh! Die Pizza sieht so lecker aus, ab in den Ofen damit: Reiben Sie Ihre Hände so lange aneinander, bis diese warm sind. Legen Sie nun Ihre erwärmten Hände auf den Rücken Ihres Kindes und beenden Sie damit die Pizza-Massage.

Die Gute-Gedanken-Massage

Bitten Sie Ihr Kind, sich entspannt in Rückenlage hinzulegen und die Augen zu schließen. Setzen Sie sich nun hinter den Kopf Ihres Kindes und legen Sie Ihre beiden Daumen in die Stirnmitte Ihres Kindes. Streichen Sie die Stirn nun ganz liebevoll und sanft mehrmals von innen nach außen und versetzen Sie dabei immer wieder Ihre Daumen ein klein wenig. Gerne können Sie noch für einen Moment lang an den Schläfen Ihres Kindes verweilen und sanfte Kreisbewegungen machen.

Die Wetter-Massage

Bitten Sie Ihr Kind, sich aufrecht vor Ihnen hinzusetzen und die Augen zu schließen. Anschließend beschreiben Sie ihm, welches Wetter der Tag bringt:

1. Am Morgen geht die Sonne auf: Reiben Sie Ihre Hände aneinander und legen Sie diese auf den Rücken Ihres Kindes.
2. Der Vormittag ist gefüllt von viel Sonnenschein: Streichen Sie mit Ihren Fingerspitzen über den Rücken Ihres Kindes.
3. Doch dann kommt ein Sturm: Streichen Sie mit Ihren flachen Händen über den Rücken Ihres Kindes.
4. Und es beginnt, zu regnen: Tippen Sie mit Ihren Fingerspitzen auf den Rücken Ihres Kindes.
5. Der Regen wird immer stärker: Drücken Sie langsam und vorsichtig mit Ihren Fingerknöcheln gegen den Rücken Ihres Kindes.
6. Plötzlich fängt es an, zu donnern: Trommeln Sie mit Ihren Fäusten ganz locker und leicht über den Rücken Ihres Kindes.
7. Einzelne Blitze leuchten am Himmel auf: Zeichnen Sie mit Ihrem Zeigefinger Blitzbewegungen auf den Rücken Ihres Kindes.
8. Am Nachmittag ziehen die dunklen Wolken davon und die Sonne kommt wieder zum Vorschein: Streichen Sie mit Ihren Fingerspitzen über den Rücken Ihres Kindes.
9. Auf einmal ist ein wunderschöner Regenbogen am Himmel zu sehen: Streicheln Sie mit all Ihren Fingern über den Rücken Ihres Kindes und beenden Sie damit die Wetter-Massage.

Übung: Gefühlskarten-Spiel

Das benötigen Sie:

- Emotionskarten (diese finden Sie im Bonus)

So gehen Sie vor:
Nutzen Sie die Emotionskarten, die Sie als Ausschneidevorlage innerhalb dieses Ratgebers finden. Legen Sie den Stapel mit den Emotionen verdeckt vor sich. Im Anschluss zieht jeder Spielpartner im Wechsel eine Karte. Nach kurzer Betrachtung wird mitgeteilt, wann Sie oder Ihr Kind das letzte Mal diese Emotion gefühlt haben. Der andere Partner hat dann im Anschluss die Möglichkeit, nachzufragen, um das Erlebte besser zu verstehen. Mithilfe der Übung können Sie das Verständnis für Emotionen weiter verstärken und die Kommunikationsfähigkeit in Bezug auf Gefühle verbessern.

Übung: Gemeinsames Atemzählen

Das benötigen Sie:

- Keine weiteren Hilfsmittel benötigt
- Eine ruhige Umgebung, in der die Übung durchgeführt werden kann

So gehen Sie vor:
Nehmen Sie gemeinsam mit Ihrem Kind eine ruhige und bequeme Haltung ein. Schließen Sie gemeinsam die Augen und nehmen Sie ein paar tiefe Atemzüge. Im Anschluss beginnen Sie damit, langsam bis vier zu zählen und dabei einzuatmen und wieder bis vier zu zählen und dabei auszuatmen. Dieses Vorgehen wiederholen Sie mehrere Male gemeinsam. Anschließend ermutigen Sie Ihr Kind dazu, laut bis vier zu zählen, während Sie gemeinsam einatmen. Außerdem zählen Sie auch beim Ausatmen bis vier. Ihr Kind soll dies ebenfalls tun. Geben Sie Ihrem Kind dabei Hilfestellung und bitten Sie es, sich auf den Rhythmus seiner Atmung zu konzentrieren. Dies wird dazu führen, dass sich die Gedanken beruhigen. Setzen Sie dieses Vorgehen für eine Dauer von zwei bis drei Minuten fort, bis Ihnen Ihr Kind die Rückmeldung gibt, dass es sich entspannter fühlt. Im Anschluss an die Übung öffnen Sie die Augen wieder und sprechen mit Ihrem Kind darüber, wie es sich dabei gefühlt hat.

Gemeinsam stark sein: Partnerübungen zur Bewältigung von Stress

Stress kann sich negativ auf Ihr Kind auswirken und die Fähigkeit zur Regulation von Emotionen beeinträchtigen. Stressbewältigung und Emotionsregulation stehen eng miteinander in Verbindung. Durch die Anwesenheit von Stress kann eine Vielzahl von Emotionen ausgelöst werden, darunter unter anderem Wut, Frustration, Traurigkeit und Angst. In stressigen Situationen verstärken sich diese Emotionen, sodass eine emotional intensivere Reaktion folgt.

Wie Sie in diesen Situationen auf Stress reagieren, hängt im Anschluss maßgeblich davon ab, wie ausgeprägt Ihre Fähigkeit zur Regulation von Emotionen ist. Haben Sie Schwierigkeiten, Emotionen zu regulieren, kann das zu zusätzlichem Stress und dem übermäßigen Vorhandensein von Emotionen führen. Hält dieser Zustand langfristig an, kann das zu ernsthaften gesundheitlichen Problemen führen.

Damit Ihr Kind lernt, mit seinen eigenen Emotionen umzugehen, ist es wichtig, dass Sie es auch bei der Ausbildung dieser Fähigkeiten unterstützen. So kann es die eigenen Gefühle besser regulieren und im Anschluss Reaktionen besser ansteuern. Auch in der Schule wird es für Ihr Kind leichter sein, wenn es seine Emotionen regulieren kann. Dies betrifft vor allem die Aspekte der Konzentration, der Aufmerksamkeit sowie des Verhaltens. Auch mit den sozialen Fähigkeiten ist die Emotionsregulation verbunden. Kinder, die bereits über eine ausgeprägte Emotionsregulation verfügen, sind in der Lage, Konflikte konstruktiver zu lösen. Wollen Sie also diese Fähigkeit bei Ihrem Kind fördern und es bei der Bewältigung von stressigen Situationen unterstützen, können Sie sich an den nachfolgenden Übungen orientieren.

Übung: Gemeinsam Stress reduzieren

Das benötigen Sie:

- Eine ruhige Umgebung für die Durchführung der Übung

So gehen Sie vor:
Setzen Sie sich zusammen mit Ihrem Kind hin und bitten Sie es, die Augen zu schließen. Im Anschluss beschreiben Sie sich beide im Wechsel eine stressige Situation, die Sie in den letzten Wochen erlebt haben. Hören Sie Ihrem Kind dabei aufmerksam zu und bitten Sie es ebenfalls darum, Ihnen zuzuhören. Nachdem die jeweilige Situation geschildert wurde, hat der jeweils andere Übungspartner die Möglichkeit, Rückfragen zu stellen. Folgende Frage eignet sich hierzu beispielsweise:

Was hat dir in dieser Situation geholfen, dass du dich ruhiger gefühlt hast?

Folgendermaßen könnte ein entsprechendes Gespräch aussehen:
Elternteil: Kim, wie war dein Tag heute? Du hast mir eben schon kurz erzählt, dass es einige Situationen gab, mit denen du nicht ganz so zufrieden warst. Magst du darüber sprechen?
Kind: Ja, Mama. Da war so ein Moment, in dem alle Kinder draußen spielen wollten. Als dann alle im Garten waren, gab es Streit um die Schaukeln, weil wir einfach zu wenige haben.
Elternteil: Das klingt wirklich nicht so schön. Da hast du dich sicher nicht so gut gefühlt, oder?
Kind: Zuerst war ich nur aufgeregt, aber als ich nicht auf die Schaukel durfte, weil alle anderen Kinder mich nicht gelassen haben, wurde ich wirklich etwas traurig und wütend.
Elternteil: Das kann ich gut verstehen. Das wäre mir sicher genauso gegangen in deiner Situation. Und was hat dir geholfen, dich in dieser Situation besser zu fühlen?
Kind: Unsere Lehrerin, Frau Meierhof, hat sofort gesehen, dass ich traurig war. Sie ist dann zu mir gekommen. Wir haben gesprochen und sie wollte wissen, was mich bedrückt und warum ich so traurig und wütend bin.
Elternteil: Das hört sich an, als wäre Frau Meierhof dir eine große Hilfe gewesen. Was hat sie denn gesagt?
Kind: Sie hat mir ruhig erklärt, dass es im Leben immer mal wieder Momente geben wird, in denen wir streiten. Sie sagte auch, dass sei ganz normal, aber dass man dafür eben auch eine Lösung finden könnte, wenn man gemeinsam darüber redet.
Elternteil: Und was ist dann passiert?
Kind: Frau Meierhof hat dafür gesorgt, dass wir uns beim Schaukeln abwechseln, sodass jedes Kind die Schaukel nutzen konnte.

Elternteil: Das klingt doch nach einer guten Lösung für das Problem. Da hast du dich dann bestimmt besser gefühlt, oder?
Kind: Ja, das hat mir wirklich sehr geholfen und jetzt geht es mir auch besser, weil wir darüber gesprochen haben.
Elternteil: Das ist schön zu hören. Du kannst immer mit mir sprechen, ganz gleich, was auch passiert.
Kind: Danke, das weiß ich.

Achten Sie darauf, dass Sie sich während der Durchführung der Übung aufmerksam zuhören. Im Anschluss an die Schilderungen wird gewechselt und der nächste Übungspartner zieht eine Karte. Im Verlauf dieses Spiels soll Ihr Kind gemeinsam mit Ihnen lernen, Stressbewältigungsstrategien zu entwickeln und seinen Mitmenschen emotionale Unterstützung zu bieten.

Im Rahmen der hier angeführten Übungen geht es darum, dass Ihr Kind lernt, die Gefühle und Grenzen des Partners wahrzunehmen und eine gewisse Achtsamkeit zu entwickeln. Es geht dabei nicht nur darum, empathisch zuzuhören, sondern auch darum, Unterstützung in Form von praktischen Wegen, die der Bewältigung negativer Emotionen dienen, zu bieten.

Übung: Emotionsberg erklimmen

Das benötigen Sie:

- Ein weißes Blatt Papier
- Buntstifte

So gehen Sie vor:
Setzen Sie sich gemeinsam mit Ihrem Kind hin und zeichnen Sie einen Berg auf das Blatt Papier, was Sie sich zurechtgelegt haben. Besprechen Sie mit Ihrem Kind, dass der Gipfel des Berges seine stärkste Emotion darstellt. Dann ermutigen Sie Ihr Kind, seine eigene Emotionslandschaft auf dem Berg zu zeichnen. Hierzu gibt es keine Regeln. Ihr Kind darf alle beliebigen Farben verwenden und auch Symbole einzeichnen. Während der Übung sprechen Sie im Wechsel über die Emotionen, die auf dem Berg eingezeichnet wurden (Sie dürfen sich ebenfalls gerne an der Übung beteiligen). Hierbei sollte Ihr Kind beschreiben, warum es die jeweilige Emotion auf dem Berg gezeichnet hat. Gemeinsam können Sie dann im Anschluss überlegen, wie verschiedene Emotionen besser gelöst werden, wenn Sie sich gedanklich auf dem „Gipfel des Emotionsbergs“ befinden.

Die in diesem Kapitel angeführten Übungen eignen sich für die Verwendung in akuten Stresssituationen. Darüber hinaus haben Sie die Möglichkeit, diese in Ihren Alltag mit Ihrem Kind zu integrieren.

Übung: Lass uns gemeinsam atmen

Die Spiegelatmung ist auch bekannt als „Achtsamkeitsatmung“ oder „geführte Atmung“. Hierbei handelt es sich um eine Atemtechnik, bei der im Rahmen einer Partnerübung der Atemrhythmus des einen Partners vom anderen Übungspartner übernommen werden soll. Ziel ist es dabei, Entspannung und Selbstregulation bei Ihrem Kind zu fördern sowie zu erwirken. Besonders wichtig ist diese Übung für den Stressabbau. Darüber hinaus lässt sie sich zur Regulation von Emotionen einsetzen.

Hinweis
Die Spiegelatmung wird im fachlichen Kontext als Methode eingesetzt, mit deren Hilfe der Atem in stressigen Situationen kontrolliert und reguliert werden soll. Dies ist besonders den Menschen nützlich, die beispielsweise unter Angstzuständen leiden oder die mit emotionalen Herausforderungen kämpfen.

Außerdem ist die Spiegelatmung eine hilfreiche Technik, um die Fähigkeit zur Selbstregulation bei Ihrem Kind zu fördern. Wie dies gelingt, erfahren Sie anhand der nachfolgenden Übung:

Das benötigen Sie:

- Eine ruhige Umgebung für die Durchführung der Übung

So gehen Sie vor:

Setzen Sie sich gemeinsam mit Ihrem Kind bequem hin und schließen Sie beide die Augen. Nun bitten Sie Ihr Kind, die eigene Atmung zu beobachten, ohne dass diese dabei verändert wird. Das Gleiche führen Sie mit Ihrer Atmung durch. Anschließend gehen Sie dazu über, für einige Minuten gemeinsam zu atmen. Hierzu synchronisieren Sie gemeinsam mit Ihrem Kind Ihre Atmungen. Führen Sie dies für einige Minuten durch. Sobald Sie sich gemeinsam wohlfühlen, bitten Sie Ihr Kind, seine Aufmerksamkeit auf etwas zu richten, das positive Gedanken und Gefühle hervorruft.

Folgende Ideen können hierzu genutzt werden:

- Bitten Sie Ihr Kind, an konkrete Erfolgserlebnisse zu denken. Hierbei spielt es keine Rolle, ob es diese im Sport oder der Freizeit erzielt. Es geht um das Gefühl, das Ihr Kind dabei hatte.
- Darüber hinaus können Sie Ihr Kind daran erinnern, wie es sich gefühlt hat, als es das letzte Mal von Lehrern oder von Ihnen gelobt wurde.
- Eine weitere Möglichkeit bieten die Freundschaften Ihres Kindes. Auch hier können Sie Ihr Kind animieren, an diese zu denken, und es bitten, das Gefühl zu spüren, wenn es von seinen Freunden gemocht wird.

• Bereiten Ihrem Kind kreative Betätigungen viel Freude, können Sie es außerdem bitten, sich daran zu erinnern, wie stolz es war, als es das letzte Mal etwas für Sie oder andere wichtige Menschen in seinem Leben gebastelt hat.

• Für besonders naturverbundene Kinder kann auch der Gedanke an einen Spaziergang im Wald positive Erinnerungen und Gefühle hervorrufen. Ihrer Fantasie sind daher keine Grenzen gesetzt.

Dann atmen Sie erneut gemeinsam ein. Bei der Ausatmung lassen Sie gemeinsam alle negativen Gefühle los. Nachdem Sie die Übung mehrmals angeleitet haben, können Sie dazu übergehen, Ihrem Kind die Rolle des Atemführers zu überlassen.

Übung: Komm, wir malen eine Geschichte

Das benötigen Sie:

- Ein leeres Blatt für jeden Trainingspartner; alternativ eine Leinwand zum Bemalen
- Stifte oder alternativ Wasserfarben

So gehen Sie vor:
Platzieren Sie die leeren Blätter jeweils vor sich. Stellen Sie sicher, dass alle benötigten Materialien bereitliegen. Erklären Sie Ihrem Kind, dass Sie vorhaben, gemeinsam eine Geschichte zu malen.

Um das Vorgehen etwas zu erleichtern, können Sie sich im Vorfeld einen Themenbereich für Ihre Geschichte ausdenken. Zum Beispiel könnte Ihre Geschichte im Dschungel oder im Weltraum spielen oder aber am Strand.

Im Anschluss beginnen Sie damit, eine Geschichte zu erzählen. Während des Erzählens malen Sie gemeinsam am Bild. Hierbei könnten Sie sich beispielsweise jeweils auf bestimmte Aspekte der Geschichte konzentrieren, um möglichst viel abzubilden.

Achten Sie während des Malprozesses darauf, dass Sie sich mit Ihrem Kind austauschen. Erlauben Sie Ihrem Kind, Fragen zu stellen oder Ideen anzuführen, die die Geschichte kreativ erweitern.

Während des Malens werden Sie feststellen, dass sich Ihr Kind beruhigt und Stress abbauen kann. Nutzen Sie diese Situation beispielsweise auch, um über die Gefühle des Tages zu sprechen. Auf diese Weise fördern Sie die Fähigkeit zur Selbstregulation. Damit dieses Vorgehen gelingt, müssen beide Trainingspartner fokussiert und in der Lage sein, die jeweils anderen Linien zu koordinieren.

Alternativgeschichte zum Vorlesen:

Beispielgeschichte: Das Segelboot
Stelle dir vor, du würdest an einem Hafen stehen. Du siehst viele Boote in verschiedenen Größen und Farben, die am Hafen anliegen. Sie alle schwanken ganz ruhig im Einklang mit dem Wasser und ihre Maste erzeugen wunderschöne Klänge im Wind. Es klingt beinahe, als würden sie eine Melodie voller Geheimnisse spielen. Am Himmel über dir fliegen zwei Möwenfamilien und der Duft von salzigem Meerwasser liegt in der Luft. Die Sonne kitzelt auf deiner Nase. Kannst du sie spüren? Du machst dich auf den Weg und wanderst am Hafen entlang, an dem du viele Schiffe siehst. Nach einigen Minuten betrittst du einen Steg, an dessen Ende ein kleines grünes Segelboot mit weißen Segeln liegt. Kannst du es sehen? Nun kletterst du in das Segelboot hinein und löst das Tau vom Steg. Auf einmal beginnt das Boot, auf den Wellen hin- und herzuschaukeln. Der nächste Windstoß erfasst die Segel und du nimmst

langsam Fahrt auf. Du blickst in die unendliche Weite des Meeres und atmest dabei ganz tief ein. Kannst du die frische Luft spüren? Der Wind auf dem Meer wird immer stärker und pustet dich weiter und weiter ins Unbekannte hinaus. Du hast den Hafen hinter dir gelassen und fühlst dich unglaublich frei und entspannt. Nach wenigen Minuten gelangst du an eine Küste, an der du viele kleine Häuser siehst, vor denen winkende Menschen stehen. Sie grüßen dich freundlich und wünschen dir eine gute Fahrt. Du bedankst dich bei ihnen und winkst zurück. Welche Gefühle empfindest du dabei? Fühlst du dich eventuell geliebt und geborgen? Denn genauso sollte es sein. Der Wind tanzt um dein Gesicht und spielt ganz angenehm mit deinen Haaren, während du immer weiter an der Küste entlangsegelst. In der Ferne siehst du einen Hang mit einer Wiese, auf der viele weiße Schafe grasen. Als du an ihnen vorbeifährst, heben sie ihre Köpfe. Du winkst zu ihnen rüber, woraufhin sie ihr weiches Fell schütteln. Du fragst dich, wie sich das flauschige Fell wohl auf deiner Haut anfühlen würde – bestimmt ganz warm und weich, denkst du dir. Am Horizont geht langsam die Sonne unter und es wird Zeit, wieder zum Hafen zurückzukehren. Also wendest du dein Boot und lässt dich vom Winde wieder Richtung Hafen lenken. Du weißt, dass du ihm vertrauen kannst, weil er deinen Weg kennt. Auf einmal bemerkst du, wie du von dem Schaukeln des Bootes und dem Salz in der Luft ganz müde wirst. Du gähnst, streckst und räkelst dich einige Male und siehst nun den Hafen vor dir. Der Wind leitet dich zwischen den anderen Booten im Hafen hindurch. Einige Meter vor dir erkennst du den Steg, an dem du dein Boot nun wieder anlegst und festbindest. Anschließend steigst du aus. Wie fühlst du dich in diesem Moment? Fühlst du dich ruhig und trotzdem ganz stark? Du drehst dich noch einmal um, blickst noch einmal zum grünen Boot, winkst ihm zu und gehst dann über den Steg wieder an Land. „Was für ein grandioser Tag“, denkst du dir, atmest tief ein und wieder aus und genießt das Gefühl totaler Ruhe und vollkommener Entspannung in dir. Spüre noch einen Moment lang nach, atme noch einmal ganz tief ein und wieder aus und male dein Bild in Ruhe fertig.

Tipp:
Je häufiger Sie diese Übung gemeinsam mit Ihrem Kind durchführen, desto leichter wird sie Ihnen fallen.

Übung: Ballon-Pusten

Das benötigen Sie:

- Einen Ballon für jeden Partner
- Nach Belieben beruhigende Musik

So gehen Sie vor:
Setzen Sie sich gemeinsam mit Ihrem Kind in den Schneidersitz. Platzieren Sie sich dabei so, dass Sie einander gegenübersitzen. Erklären Sie Ihrem Kind, dass der Ballon ein Symbol für all seine Gedanken und Gefühle ist. Auch Sorgen können durch den Ballon symbolisiert werden.

Im nächsten Schritt atmen Sie gemeinsam tief ein und wieder aus. Beim Ausatmen bitten Sie Ihr Kind, in den Ballon zu atmen. Erklären Sie ihm, dass es durch das Anpusten des Ballons seine Sorgen und Gedanken wegblasen kann.

Hinweis:
Wenden Sie diese Übung beispielsweise an, wenn Ihr Kind akut gestresst ist. Das hilft ihm dabei, seine Gefühle und Gedanken zu sortieren, fördert die Entspannung und sorgt für eine bessere Konzentration.

Zu diesem Thema finden Sie eine Audiodatei „In wundersamer Höhe“ als Einschlafübung im Bonus.

Übung: Spieglein, Spieglein

Auch die Übung „Spieglein, Spieglein" kann Ihrem Kind dabei helfen, vorhandenen Stress zu bewältigen und besser mit den eigenen Gefühlen umzugehen. Führen Sie die Übung regelmäßig durch, trägt sie auch dazu bei, dass Ihre Beziehung zueinander gestärkt wird, denn sie fördert die Kommunikation auf subtile (nonverbale oder, wenn gewünscht, auch verbale) Weise und baut das Vertrauen zwischen Ihnen und Ihrem Kind auf. Aufgrund des Vorgehens im Rahmen der Übung sollten sowohl Sie als auch Ihr Kind achtsam sein. Die Praxis dieser Achtsamkeit schärft den Fokus und die Aufmerksamkeit Ihres Kindes, sodass es sich langfristig besser konzentrieren kann.

Das benötigen Sie:

- Keine weiteren Hilfsmittel nötig
- Achten Sie darauf, dass Sie die Übung an einem ruhigen Ort durchführen, damit äußere Einflüsse die Konzentration nicht stören.

So gehen Sie vor:

Für die Durchführung der Übung stellen Sie sich mit Ihrem Kind einander gegenüber. Dann bleiben Sie für einen Moment ruhig stehen. Als Nächstes sprechen Sie ab, wer beginnen darf. Nachdem die Entscheidung gefallen ist, beginnen Sie oder Ihr Kind, sich langsam und bewusst zu bewegen. Derjenige, der gerade keine Bewegungen macht, konzentriert sich auf die präsentierten Bewegungen und versucht, diese nachzuahmen. Im Anschluss wechseln Sie und wiederholen den Vorgang. Am leichtesten ist es, wenn Sie im Vorfeld festlegen, wie lange eine Bewegung vorgetragen werden soll (hier eignen sich meist 1 bis 2 Minuten).

Tipp:

Diese Übung eignet sich besonders für Kinder, deren Achtsamkeit, Konzentration und Koordination geschult werden soll. Beginnen Sie vor allem mit einfachen Bewegungen, sodass Sie den Schwierigkeitsgrad langfristig noch steigern können. Achten Sie außerdem darauf, dass Sie Bewegungen wählen, die auch dem Alter und den Fähigkeiten Ihres Kindes entsprechen.

Hinweis:

Für manche Kinder kann es hilfreich sein, wenn Sie während der Übung darüber sprechen, wie es sich anfühlt, die Bewegungen des anderen nachzuahmen. Dies fördert die Kommunikation sowie den Gedankenaustausch und kann die Beziehung zu Ihrem Kind stärken. Darüber hinaus sollten Sie unbedingt im Hinterkopf behalten, dass es nicht darum geht, dass Sie die Übung mit Ihrem Kind in Perfektion durchführen. Vielmehr stellt sie eine spielerische Möglichkeit dar, mit der Sie die Fähigkeiten zur Selbstregulation Ihres Kindes auf einfache Weise fördern können.

Teil 5: Gruppenübungen – Selbstregulation im gesellschaftlichen Kontext trainieren

GRUPPENÜBUNGEN ZUR EMOTIONSFREIGABE UND - ERKUNDUNG

Durch Gruppenaktivitäten lernt Ihr Kind vor allem, seine Aufmerksamkeit zu steuern und die eigenen Impulse zu kontrollieren, und darüber hinaus werden die sozialen Fähigkeiten durch den Austausch mit anderen Gruppenmitgliedern weiter ausgebildet. Außerdem lernt Ihr Kind, innerhalb der Gruppe seine eigenen Bedürfnisse nicht zu sehr in den Vordergrund zu stellen, sondern diese im Einklang mit der Gruppe einzuordnen. Sowohl im Vorschul- als auch im Grundschulalter (aber auch darüber hinaus) sind die Fähigkeiten zur Teamarbeit sowie zur Selbstregulation wichtige Kompetenzen, die den offenen Austausch mit anderen Menschen ermöglichen. Zudem unterstützen Sie durch die Gruppenübungen die schulische und soziale Entwicklung Ihres Kindes und legen den Grundstein für das zukünftige Lernen sowie seine Interaktion mit der Gesellschaft im Erwachsenenalter.

Zur Erinnerung noch einmal auf einen Blick die wichtigsten Punkte, die für das Training der Selbstregulation wichtig sind:

Schaffen Sie einen sicheren Raum für den Austausch mit Ihrem Kind!

Gestalten Sie eine Umgebung, in der Sie das Gespräch mit Ihrem Kind suchen können, ohne dass sich Ablenkungen einschleichen. Richten Sie eine gemütliche Ecke am Boden mit Kissen und Decken ein, in die Sie sich für das Gespräch mit Ihrem Kind zurückziehen. Ihr Kind sollte sich in dieser Situation vor allem wohl und sicher fühlen. Nur so besteht die Chance, dass es sich Ihnen öffnet und in der Lage ist, seine Gefühle preiszugeben.

Hören Sie während des Gesprächs aktiv zu.

Achten Sie darauf, dass Sie während der Erzählungen Ihres Kindes nicht abgelenkt sind. Hören Sie den Erläuterungen aufmerksam zu, fragen Sie nach, wenn Sie etwas nicht verstehen, und unterbrechen Sie Ihr Kind nicht. Zeigen Sie beispielsweise durch ein nickendes Zustimmen, dass Sie Interesse an dem haben, was Ihnen Ihr Kind erklärt, und dass Sie daran interessiert sind, dies korrekt zu verstehen.

Seien Sie wertschätzend und respektvoll gegenüber dem Gesagten.

Signalisieren Sie Ihrem Kind, dass Sie es in seinen Gefühlslagen ernst nehmen und diese wertschätzen und respektieren. Dabei spielt es keine Rolle, wie widersprüchlich Ihnen persönlich die Gefühle Ihres Kindes erscheinen und ob Sie in der gleichen Situation ähnlich empfinden würden Geben Sie Ihrem Kind die Sicherheit, dass jedes Gefühl in Ordnung ist.

Zeigen Sie sich empathisch!

Geben Sie Ihrem Kind die Sicherheit, dass Sie Verständnis und Mitgefühl für seine Befindlichkeiten haben. Hierzu können Sie beispielsweise mit den folgenden Formulierungen arbeiten:

Beispiel:

Für mich hören sich deine Beschreibungen so an, als fühlst du dich *frustriert*, weil du die Schulaufgabe, anders als deine Klassenkameraden, nicht lösen konntest.

Gemessen an deinen Erzählungen würde ich meinen, dass du ganz schön *glücklich und stolz* bist, dass du die beste Klassenarbeit geschrieben hast.

So wie es sich für mich anhört, klingt es, als seist du ganz schön *traurig*.

Unterstützen Sie Ihr Kind beim Benennen seiner Emotionen!

Sollte Ihr Kind noch nicht in der Lage sein, die eigenen Emotionen zu benennen, können Sie es dabei unterstützen, Worte für die eigenen Emotionen zu finden. Dies hilft Ihrem Kind dabei, eine bessere Vorstellung der Emotionen zu erhalten, die es gerade durchlebt.

Beispiel:

So wie du es beschreibst, scheinst du ganz schön wütend zu sein.

Ich kann an deinen Augen sehen, dass du ganz schön glücklich bist und dein Herz hüpft.

So wie sich deine Fältchen um die Nase zusammenziehen, scheint es mir, als hätte dich das heute ganz schön geekelt.

Teilen Sie auch Ihre eigenen Gefühle mit Ihrem Kind!

Damit Ihr Kind lernt, dass nicht nur es selbst, sondern auch Sie Emotionen haben, kann es hilfreich sein, wenn Sie diese mit Ihrem Kind teilen, sofern dies angemessen ist. Achten Sie dabei jedoch darauf, dass Sie sich angemessen ausdrücken und die eigenen Erfahrungen sachlich schildern. Dies kann die Gesprächsatmosphäre befördern.

Beispiel:

Weißt du, Mama fühlt sich heute auch nicht so gut. Ein Gespräch mit einem Kollegen ist heute wirklich nicht ganz glücklich verlaufen. Das hat mich schon sehr traurig gemacht. Vielleicht bin ich sogar ein bisschen wütend, weil in meinem Bauch ein kleines Gewitter tobt.

Ich habe mich heute sehr darüber gefreut, dass du dich vor der Schule so selbstständig auf die Schule vorbereitet hast. Dadurch habe ich heute Abend mehr Zeit, um mit dir noch etwas Zeit zu verbringen, weil ich in dieser Zeit andere Dinge erledigen konnte.

Ermutigen Sie Ihr Kind dazu, Fragen zu stellen, wenn es etwas nicht versteht.

Wann immer Sie mit Ihrem Kind über Emotionen sprechen, sollten Sie ihm signalisieren, dass es in Ordnung ist, wenn es Fragen stellt oder etwas nicht versteht. Erklären Sie ihm außerdem, dass es erst einmal etwas Erfahrungen sammeln muss, bis es bestimmte Emotionen besser versteht, und Sie ihm so lange helfen und zur Seite stehen.

Bleiben Sie geduldig.

Nicht jedes Kind lernt im selben Tempo. Lernen ist immer individuell. Dies gilt auch im Hinblick auf die Fähigkeit, Emotionen auszudrücken. Drängen Sie Ihr Kind daher nicht, sich gescheit auszudrücken. Bauen Sie auch keinen Druck auf, sofern Ihr Kind nicht über seine Emotionen sprechen möchte. Bleiben Sie dran und bieten Sie weiterhin Unterstützung an. Sobald Ihr Kind bereit ist, wird es mit Ihnen sprechen.

Neben diesen Tipps können Sie außerdem auf eine Übung zurückgreifen, um das Gespräch über Emotionen voranzutreiben. Folgende Schritte können Sie hierzu befolgen:

Übung: Das offene Gespräch

Das offene Gespräch ist für Ihr Kind wichtig, damit es lernt, seine Emotionen zu teilen und diese zu erkunden. Wenn Sie diese Übung nutzen, wird Ihnen das Gespräch über Emotionen mit Ihrem Kind zunehmend leichter fallen. Zudem tragen Sie dazu bei, dass eine offene und unterstützende Umgebung geschaffen wird, in der Ihr Kind frei fühlen darf, was es fühlt.

Das benötigen Sie:

- Mindestens zwei Teilnehmer
- Einen ruhiger Rückzugsort
- Eine kleine Kiste oder einen Behälter, in dem die verschiedenen Bilder der Emotionen aufbewahrt werden können
- Ausgedruckte Bilder für verschiedene Emotionen:

Beispiel:

Bild	**Bedeutung**
Lächelndes Gesicht	Glück
Regenwolke	Traurigkeit
Tornado	Wut
Gewitter	Angst
....	

So gehen Sie vor:

Bevor Sie mit Ihrem Kind mit dieser Übung beginnen, nehmen Sie einen bequemen Platz ein. Im Anschluss bekommt jeder von Ihnen die Möglichkeit, zu sprechen. Sollte Ihr Kind nicht sprechen wollen, sollten Sie dies hinnehmen.

Im nächsten Schritt erklären Sie Ihrem Kind die Emotionskiste. Hierzu sollte Ihr Kind wissen, dass diese Kiste kleine Symbole beherbergt, die für verschiedene Gefühle stehen. Die Aufgabe Ihres Kindes ist es im Anschluss an Ihre Erläuterungen, sich ein Symbol aus der Kiste auszusuchen, das wiedergibt, wie es sich gerade fühlt. Warum Ihr Kind dieses Gefühl auswählt, muss es nicht begründen, sofern es das nicht möchte.

Nachdem die Auswahl stattgefunden hat, bitten Sie Ihr Kind, etwas über das ausgewählte Gefühl zu erzählen. Hierzu eignen sich beispielsweise die folgenden Fragen:

- Erzählst du mir etwas über das Gefühl, das du dir aus der Kiste ausgewählt hast?
- Zählt das Gefühl zu deinen Lieblingsgefühlen? Wenn ja, warum?
- Gibt es etwas, das du über dieses Gefühl mitteilen möchtest?

Wenn Ihr Kind damit beginnt, die von Ihnen gestellten Fragen zu beantworten, ist es Ihre Aufgabe, aktiv zuzuhören und zu verstehen, was Ihr Kind Ihnen mitzuteilen versucht. Während dieser Erläuterungen sollten Sie (oder auch andere Gruppenmitglieder) nicht über die Gefühle urteilen oder diese bewerten. Betonen Sie explizit, dass jedes Gefühl erwünscht und willkommen ist.

Hinweis:
Sofern Sie wünschen, besteht die Möglichkeit, die Übung im Anschluss an die Beschreibungen mit möglichen Lösungsansätzen für die jeweilige Gefühlslage zu erweitern. Hierzu können Sie beispielsweise aufzeigen, wie besonders die schwierigen Gefühle besser überwunden werden können.

Tipp:
Sofern Sie die Symbole nicht ausdrucken möchten, können Sie sich auch gemeinsam mit Ihrem Kind hinsetzen und die jeweiligen Symbole im Vorfeld zeichnen. In diesem Fall benötigen Sie zusätzlich zu den benannten Materialien Schreib- und Zeichenutensilien.

Je nach Wunsch haben Sie die Möglichkeit, diese Übung auch in Ihren Alltag zu integrieren, ohne dass es eine Übung bleibt. Hierzu können Sie beispielsweise mit Ihrem Kind einen festen Zeitpunkt in der Woche oder am Tag vereinbaren, an dem über die eigenen Gefühle gesprochen wird. Auf diese Weise schaffen Sie Vertrauen und stärken zudem die Beziehung zu Ihrem Kind.

Übung: Gefühlsbarometer

Mit dieser Übung soll es den Teilnehmern der Übung leichter fallen, die eigenen Gefühle zu erkennen und auszudrücken. Dabei soll deutlich werden, dass es normal ist, verschiedene Gefühle zu haben, sowie dass jedes Gefühl in Ordnung ist und Anerkennung findet.

Dauer der Übung:
20 bis 30 Minuten

Das benötigen Sie:

- Ein großes Blatt Papier
- Verschieden gefärbte Klebepunkte
- Stifte in bunten Farben

So gehen Sie vor:
Setzen Sie die Kinder in einem Kreis zusammen und besprechen Sie, was Sie mithilfe der Übung vorhaben. Betonen Sie hierbei nochmals, wie wichtig es ist, die eigenen Gefühle zu verstehen. Nutzen Sie hierzu gerne auch Beispiele. Folgende Inspirationen können Sie nutzen:

- Wenn du dir vorstellst, dass du mit einem Freund auf dem Spielplatz spielst und dein Freund plötzlich traurig aussieht, ist es wichtig, dass du verstehen kannst, warum er traurig ist. Er könnte gestolpert sein und sich verletzt haben. Oder aber er hat sich mit einem anderen Kind auf dem Spielplatz gestritten. Um ihm helfen zu können, musst du zunächst verstehen, welche Gefühle in ihm vorgehen.
- Stell dir vor, du hast ein tolles neues Spielzeug, das von deinen Freunden bewundert wird. Du freust dich genauso über dein Spielzeug, wie dein Freund es an deiner Stelle täte. Um deine Freude zu teilen, lässt du ihn auch damit spielen.
- Wenn du das Spielzeug deiner Freunde versehentlich kaputt machst, werden diese sehr traurig sein oder vielleicht sogar wütend werden. Wenn du verstehst, warum sie so reagieren, hast du die Möglichkeit, darauf zu reagieren und dich gegebenenfalls zu entschuldigen.
- In der Nacht träumen Kinder häufig schlecht. Stell dir vor, du hattest einen schlimmen Traum und wachst auf. Da dich Mama und Papa bereits gehört haben, sind sie schon unterwegs zu dir. Würden sie nicht verstehen, dass du aufgrund deines Traumes Angst hattest, würdest du mit deiner Angst allein zurechtkommen müssen.

- Hast du schon einmal erlebt, dass das Haustier eines Freundes krank war? Dein Freund wird in diesem Fall sehr traurig und besorgt gewesen sein. Weil du wusstest, dass er traurig war, konntest du ihm ein paar liebe Worte und eine Umarmung schenken. Hättest du seine Gefühle nicht verstanden, hätte er mit seiner Sorge und Trauer alleine sein müssen.
- ...

Im nächsten Schritt fragen Sie die Kinder, welche Gefühle Ihnen bekannt sind. Die Gefühle werden im Nachgang auf einem großen Papier festgehalten. Sollte es den Kindern nicht leichtfallen, Gefühle zu benennen, können Sie natürlich unterstützen.

Im Anschluss erstellen Sie gemeinsam mit den Kindern ein sogenanntes Gefühlsbarometer. Hierzu wählt sich jedes Kind eine der aufgefassten Emotionen aus und erstellt hierzu ein eigenes Symbol, das dieses Gefühl widerspiegelt.

Als Nächstes platzieren Sie die Bilder in der Mitte des Kreises und bitten jedes Kind, die Klebepunkte zur Hand zu nehmen. Jedes Kind soll sich das Gefühl auswählen, das es gerade empfindet, und im Anschluss Klebepunkte auf diesem Bild anbringen. Je mehr Punkte auf dem Bild angebracht werden, desto intensiver ist das Gefühl vorhanden.

Hinweis:
Diese Übung können Sie auch bei vorliegender Autismus-Spektrum-Störung (ASS) durchführen. Das Gefühlsbarometer hilft Kindern mit ASS dabei, Situationen, Abläufe und Informationen besser aufzunehmen. Hierzu können Sie beispielsweise die Gefühlsuhr aus einer der vorangegangenen Übungen nutzen und das Kind bitten, sich das passende Gefühl anhand der Symbole auszuwählen.

Extratipp
Um zu reflektieren, warum die Bilder von den Kindern in dieser Weise angefertigt wurden, können Sie auf jedes Bild genauer eingehen und die Kinder erklären lassen, warum sie das jeweilige Bild gemalt und was sie sich dabei gedacht haben.

Während der Durchführung der Übung sollten Sie darauf achten, dass die Kinder sich und Ihren Gefühlen gegenseitig mit Respekt begegnen. Ermutigen Sie zu gegenseitiger Unterstützung und schaffen Sie für den Austausch eine sichere Umgebung, in der Gefühle ausgesprochen werden dürfen.

Übung: Emotionsbingo

Dauer der Übung:
Für die Durchführung der Übung sollten Sie etwa 30 bis 45 Minuten einplanen.

Das benötigen Sie:

- Jedes Kind benötigt eine Bingokarte.
- Für die Gestaltung der Bingokarten (sofern Sie diese selbst gestalten) benötigen Sie Farben und Stifte.
- Für die Auswahl der jeweiligen Emotionen kann eine Emotionsliste für die Kinder hilfreich sein, anhand derer sie sich orientieren können (diese finden Sie beispielhaft nachfolgend).

Emotionsliste

- Entspannt
- Gestresst
- Dankbar
- Traurig
- Hilflos
- Wütend
- Verärgert
- Beschämt
- Hoffnungsvoll
- Einsam
- Zufrieden
- Schüchtern
- Stolz
- Neugierig
- Gelassen
- Verlegen
- Überrascht
- Erfreut
- Aufgeregt
- ...

So gehen Sie vor:
Für die Durchführung der Übung bereiten Sie die Bingokarten für die Kinder vor. Diese können Sie entweder gemeinsam mit den Kindern gestalten oder Sie nutzen die Druckvorlage im Anhang. Die Raster der Bingokarten sollten dabei eine Größe von 4 x 4 oder 5 x 5 Feldern haben.

Sofern Sie die Felder selbst gestalten, geben Sie jedem Kind genügend Stifte, mit denen es die Emotionen aus der Emotionsliste beliebig in das jeweilige Feld eintragen kann.

Tipp:
Bei jüngeren Kindern kann es hilfreich sein, die obige exemplarische Emotionsliste etwas auf die bekannteren Emotionen zu kürzen.

Bevor Sie mit der Übung beginnen, können Sie die Spielregeln erklären. Hierzu sollte jedes Kind wissen, dass es eine Bingokarte erhält, die verschiedene Emotionen aufweist. Im nächsten Schritt halten Sie die Kinder dazu an, eine kurze Geschichte zu einer der Emotionen auf der Bingokarte zu erzählen, die es selbst schon einmal erlebt hat.

Beispiel:
Sarina erzählt ...
Am Sonntag war ein aufregender Tag. Meine Tante kam mit meinen Cousinen zu Besuch. Ich habe mich so sehr gefreut. Die Freude hielt aber nicht lange an. Sie war nämlich ohne Struppi, den Familienhund, gekommen. Das hat mich ganz schön traurig gemacht. Nachdem ich ein paar Tränen vergossen hatte, haben wir Kuchen gegessen und viele Spiele gespielt. Die ersten Runden habe ich gewonnen. Dann hat mein Onkel aufgeholt. Nachdem auch er dreimal gewonnen hatte, wurde ich wütend und habe das Spielfeld vom Tisch geschoben.

Ich sagte ja, es war ein aufregender Tag.

Sofern einer der Mitspieler diese Emotion auf seiner Karte findet, darf sie abgestrichen werden. Dieses Vorgehen wird so lange fortgesetzt, bis eines der Kinder eine horizontale, vertikale oder aber diagonale Reihe von Emotionen auf seiner Bingokarte vorfindet. Sofern dies der Fall ist, darf laut „BINGO“ gerufen werden.

4 Emotionsbingokarten finden Sie im Bonus.

Übung: Emotions-Stopp-Tanz

Dauer:
Für die Durchführung der Übung sollten Sie eine Dauer von 20 bis 30 Minuten einplanen.

Das benötigen Sie:

- Für die Durchführung der Übung sollten Sie auf eine Musikquelle, wie beispielsweise ein Smartphone oder einen CD-Player, zurückgreifen können.
- Legen Sie sich im Vorfeld der Übung eine Playlist an, die Sie für den Emotions-Stopp-Tanz abspielen können.
- Wählen Sie einen Raum aus, der genügend Platz zum Tanzen bietet.
- Achten Sie bei der Auswahl der Musik darauf, dass sie nicht nur fröhlich, sondern auch vielfältig ist und unterschiedliche Stimmungen bietet.

So gehen Sie vor:
Bevor Sie mit der Übung starten, erklären Sie den Kindern, dass es für diese Übung darum geht, während des Tanzes verschiedene Emotionen abzubilden. Versammeln Sie die Kinder anschließend in einem Kreis. Eine mögliche Erklärung könnte wie folgt aussehen:
„Wir werden gleich eine Übung durchführen, bei der wir unterschiedliche Emotionen mithilfe von Tanzbewegungen ausdrücken wollen. Hierzu bewegen wir unseren Körper zur Musik."

Heben Sie bei Ihren Erklärungen hervor, dass es für die Darstellung der unterschiedlichen Emotionen weder ein Richtig noch ein Falsch gibt. Bestärken Sie die Kinder darin, ihre Kreativität auszuleben.

Im Anschluss können Sie damit beginnen, die Musik abzuspielen, damit die Kinder ihren Emotionen freien Lauf lassen können. Nach einer kurzen Episode der Musik stoppen Sie diese. Gleichzeitig benennen Sie durch Ausrufen eine beliebige Emotion. Dies kann wie folgt aussehen:
„Ich möchte sehen, wie fröhlich du bist."
Oder
„Heute möchte ich sehen, wie es aussieht, wenn du wütend bist."

Im Anschluss schalten Sie die Musik wieder an und bitten die Kinder, ebendiese Emotion darzustellen. Dieses Vorgehen wiederholen Sie in unregelmäßigen Abständen erneut.

Tipp:
Für manche Kinder kann es hilfreich sein, wenn Sie sich im Anschluss über die Emotionen austauschen, die die Kinder im Verlauf der Übung wahrgenommen haben.

Hinweis:
Sollten Sie feststellen, dass sich die Kinder nur kurz auf die Übung konzentrieren können, sollten Sie die Dauer individuell an die Bedürfnisse der Kinder anpassen.

Übung: Das Pantomime-Spiel

Das Pantomime-Spiel kann im Hinblick auf die Selbstregulation helfen, die eigenen Impulse zu kontrollieren. Während des Spielverlaufs muss sich Ihr Kind in Geduld üben und warten, bis es an der Reihe ist. Außerdem muss es, wenn es zum Erfolg kommen möchte, aufmerksam zuhören, um die Anweisungen der anderen Spielteilnehmer zu verstehen. Daneben werden die Fähigkeiten zur Problemlösung mit der Durchführung dieser Übung gestärkt. Während Ihr Kind den anderen Kindern erklärt, was es pantomimisch darstellt, kann sich vor allem dann, wenn die Handlung eines anderen Kindes nicht richtig erraten wird, schnell Frustration einstellen. Mithilfe dieser Erfahrung wird Ihr Kind langfristig lernen, Frustration besser zu bewältigen und dennoch geduldig zu bleiben.

Das benötigen Sie:

- Greifen Sie auf Ihre Emotionskarten aus den vorangegangenen Übungen zurück bzw. finden Sie diese im Bonus
- Einen Behälter, in dem Sie die Karten mischen und aus dem Sie sie ziehen können

So gehen Sie vor:

Ziel des Spiels ist es, die Emotionen auf den Karten aus dem Behälter mithilfe der pantomimischen Imitation darzustellen. Zur Vorbereitung werden die Karten zunächst ordentlich gemischt und verdeckt in die Mitte des Spielbereiches gegeben. Um die verdeckten Karten herum positionieren sich die Spieler. Der jüngste Spieler beginnt und zieht eine der Karten, ohne sie den anderen Mitspielern zu zeigen. Im nächsten Schritt ist es seine Aufgabe, die auf der Karte dargebotene Emotion pantomimisch darzustellen. Das Sprechen und Imitieren von Geräuschen ist bei diesem Spiel verboten.

Beispiel:
Zieht ein Spieler die Emotion Freude, hätte er die Möglichkeit, ein freundliches Lächeln aufzusetzen, die Hände jubelnd in die Höhe zu heben sowie zu hüpfen.

Während ein Spieler die Emotion pantomimisch darstellt, ist es die Aufgabe der anderen Spieler, diese zu erraten. Hierzu wird der darstellende Spieler genau beobachtet. Der Spieler, der die Emotion als Erstes errät, darf als Nächstes eine der Karten ziehen und die dargebotene Emotion nachstellen.

Tipp:
Setzen Sie das Spiel nicht länger fort, als alle Spielteilnehmer Spaß daran finden. Eine feste Spieldauer gibt es daher nicht. Damit die anderen Spieler in der Lage sind, die dargestellte Emotion zu erraten, sollte die Pantomime eindeutig sein.

Teamchallenge: Gruppenaktivität zur Zusammenarbeit und Selbstregulation

Im Rahmen dieses Kapitels werden Sie Informationen zu der Dynamik der Zusammenarbeit erhalten. Diese Dynamik können Sie nutzen, um das kreative Denken Ihres Kindes zu fördern und spezifische Lösungen für Herausforderungen zu entwickeln. Außerdem erhalten Sie einen Einblick in das Ineinandergreifen von Selbstregulation und Teamwork. Im Kontext dieses Workbooks geht es dabei vor allem um das spielerische Setzen von Zielen, bei dem beispielsweise im Rahmen kniffliger Aufgaben eine gemeinsame Lösung gefunden werden kann. Das Zusammenarbeiten im Team ermöglicht es Ihren Kindern, voneinander zu lernen und jeweils von den Stärken des anderen zu profitieren. Damit jeder Gruppenteilnehmer seine Stärken effektiv *einbringen* kann, ist hierbei die Selbstregulation eine entscheidende Fähigkeit.

Warum gemeinsame Ziele wichtig sind

Die Bedeutung von Teamwork ist vor allem vor dem Hintergrund individueller Stärken relevant. Denn hier werden individuelle Kompetenzen so eingesetzt, dass die jeweiligen Schwächen ausgeglichen werden können. Die Kombination der unterschiedlichen Stärken der Teammitglieder können hierbei besondere Ergebnisse erzielen. Gibt es beispielsweise innerhalb des Teams jemanden, der besonders kreativ in seiner Denkweise ist, kann dies ergänzt werden durch ein Teammitglied, das eher dazu neigt, organisiert und strukturiert zu denken. Während der kreative Kopf eher zu innovativen Lösungen neigt, sorgt der organisierte Kopf für eine klar strukturierte Umsetzung dieser Lösungen.

Beispiel:
Eine Gruppe von Schülern bereitet eine Präsentation vor. Ein Schüler der Gruppe weist Stärken vor allem im Bereich der Recherche auf. Ein weiteres Teammitglied hat ein Händchen für die kreative Gestaltung. Die dritte Schülerin kann besonders fesselnd Informationen vortragen. Während sich also Teammitglied eins um die Recherche und das Zusammentragen der Informationen kümmert, kann das zweite Teammitglied die Gestaltung der Präsentation übernehmen und das dritte Mitglied die Verantwortung für das Vortragen.

Im Rahmen einer Teamchallenge wird dabei ein gemeinsames Ziel verfolgt, das den Fokus neu setzt und eine klare Richtung vorgibt.

Hinweis:
Ihr Kind können Sie für die Zusammenarbeit motivieren, indem Sie ihm diese als eine Art Superkraft beschreiben, die ihm dabei hilft, Dinge zu schaffen, die es allein vielleicht nur schwer oder gar nicht bewältigen könnte. Die Superkraft Ihres Kindes zeigt ihm dabei den Weg zu einem verborgenen Schatz, den es als Superheld finden muss, um zu Erfolg zu gelangen.

Übung: Superkraft zu gemeinsamen Zielen

Das benötigen Sie:

- Für diese Übung sollten mindestens zwei Teilnehmer anwesend sein. Sofern Sie mehr als ein Kind haben, können Sie die Übung auch mit den Geschwisterkindern durchführen und eine kleine Gruppe bilden.
- Papier
- Buntstifte oder Filzstifte

So gehen Sie vor:
Besprechen Sie mit Ihren Kindern, dass Sie nun gemeinsam in einem ersten Schritt das Papier nutzen, um festzuhalten, was alle Gruppenmitglieder zusammen mit der Gruppe erreichen möchten. Folgende Ideen können Sie dabei für eine bessere Vorstellung vorgeben:

- „Ich möchte, dass wir zusammen Spaß haben."
- „Ich möchte, dass wir uns noch besser verstehen."
- „Ich möchte, dass wir alle Freunde werden."
- …

Im nächsten Schritt leiten Sie die Kinder an, sich ein neues Blatt Papier zu nehmen und darauf festzuhalten, welche Ideen Sie für eine mögliche Gruppenarbeit haben. Folgende Möglichkeiten können Sie beispielhaft anführen:

- „Wir wollen neue Dinge lernen."
- „Wir wollen gemeinsam Rätsel lösen und auf Schatzsuche gehen."
- „Wir wollen gemeinsam eine Höhle bauen."
- „Wir wollen uns ein Versteck bauen."
- …

Nachdem jedes Kind seine Ideen festgehalten hat, können diese vorgetragen werden. Sie sollten dabei stichwortartig die Ideen der Kinder festhalten, um diese im Anschluss aufgreifen zu können. In einem nächsten Schritt formulieren Sie gemeinsam mit Ihren Kindern Ziele, die für die Gruppenaktivität bestimmt wurden.

Beispiel:

- Wir haben entschlossen, gemeinsam ein Kunstprojekt zu beginnen. Dabei wollen wir darauf achten, dass wir neue Freundschaften schließen.
- Wir haben gemeinsam beschlossen, dass wir uns in der Natur auf Schatzsuche begeben und ein Versteck im Garten bauen wollen, in das wir uns zurückziehen und in dem wir gemeinsam Zeit verbringen können.

Im Anschluss an diese Überlegungen können Sie damit beginnen, die Ideen für Ihre Gruppenaktivität mithilfe Ihrer gemeinsamen Superkraft umzusetzen.

Um das kreative Denken in der Gruppe zu fördern, haben Sie außerdem die Möglichkeit, gemeinsam Denk- und Tüftelaufgaben zu lösen. Wie Sie dabei vorgehen können, erfahren Sie nachfolgend.

Übung: Denk- und Tüftelspaß in der Gruppe

Das benötigen Sie:

- Verschiedene Bastelutensilien wie Kleber, Papier, Pappe, Zahnstocher oder Eisstiele, Faden
- Scheren
- Bunt- und Filzstifte
- Nach Belieben: weitere Bastelmaterialien (Ihrer Fantasie sind hierbei keine Grenzen gesetzt)

So gehen Sie vor:
Leiten Sie Ihre Kinder an, sich eine knifflige Aufgabe zu überlegen. Diese Aufgabe sollte ein möglichst genau formuliertes Ziel enthalten und im Anschluss von jedem Kind kurz vorgestellt werden. Damit Ihre Kinder eine bessere Vorstellung von der Aufgabenstellung haben, können Sie nachfolgende Beispielaufträge anführen:

- Wir bauen eine Brücke aus Papier, die in der Lage ist, einen Ast zu tragen.
- Wir basteln ein Vogelhaus aus alten Milchtüten, das sich im Garten aufhängen lässt.
- Wir bauen einen Baum, der einen gebastelten Vogel tragen kann.
- ...

Im nachfolgenden Schritt geht es darum, dass alle Gruppenmitglieder gemeinsam überlegen, wie sich die jeweiligen Ideen umsetzen lassen. Nehmen Sie beispielsweise das Erbauen einer Brücke, die einen Ast tragen kann, könnte eine mögliche Lösung lauten, dass das Papier gefaltet wird, um die Brücke zu stabilisieren. Bei diesen Überlegungen sind der Fantasie keine Grenzen gesetzt. Ausprobieren und Scheitern sind ebenfalls erwünscht. Nur so kann die Gruppe zu einer gemeinsamen Lösung finden.

Übung: Achtsames Atmen im Kreis

Bevor Sie mit dieser Übung beginnen, sollten Sie erklären, was es bedeutet, achtsam zu atmen. Hierzu ist es wichtig, zu wissen, dass es im Kern der Übung auf die Atmung ankommt. Dies sollten Sie auch den Kindern vermitteln. Daneben sollten Sie den Kindern erklären, dass der Atem eines der wichtigsten Werkzeuge unseres Körpers ist und uns auf all unseren Wegen begleitet. Damit die Übung gelingt, sollten Sie die Kinder dazu anhalten, aktiv in sich hineinzuhören und zu spüren, wie sich der Bauch während der Atmung hebt und senkt. Für die Durchführung gehen Sie dabei wie folgt vor:

Das benötigen Sie:

- Ein Sitzkissen oder eine Matte für jedes Kind
- Ein kleines Glöckchen oder alternativ eine Klangschale
- Einen ruhigen Raum für die Umsetzung

Hinweis:
Planen Sie für die Durchführung der Übung etwa ein Zeitfenster von 15 bis 20 Minuten ein. Achten Sie hierbei individuell darauf, wann die Konzentration der Kinder nachlässt, und passen Sie die Übung, falls nötig, entsprechend an. Richten Sie sich hierbei an den Fähigkeiten sowie dem Alter der Kinder aus.

So gehen Sie vor:

Legen Sie die Sitzkissen für die Kinder auf dem Boden bereit. Bilden Sie mit den Sitzkissen einen Kreis, in dem die Kinder sich im Anschluss platzieren können. In die Mitte des Kreises platzieren Sie die Glocke. Um die Übung einzuläuten, bewegen Sie das Glöckchen.

Im nächsten Schritt bitten Sie die Kinder, jeweils einzeln auf einem Sitzkissen Platz zu nehmen. Dann erklären Sie ihnen kurz, was im Verlauf der Übung passieren wird. Eine mögliche Erklärung könnte dabei wie folgt aussehen.

„Heute werden wir eine Übung durchführen, bei der wir uns ganz bewusst auf uns selbst konzentrieren und uns nicht von anderen um uns herum ablenken lassen. Wir werden gemeinsam die Augen schließen und achtsam atmen. Dabei werden wir ganz ruhig."

Im Anschluss an diese Erläuterungen bitten Sie die Kinder, ihre Augen zu schließen. Zunächst animieren Sie die Kinder dazu, leichte Atemübungen mit Ihnen durchzuführen. Dies könnte folgendermaßen aussehen:

„Nun atmen wir gemeinsam tief ein. Nachdem wir eingeatmet haben, atmen wir mit dem Gähnen eines müden Bären tief aus. Im nächsten Schritt atmen wir ein weiteres Mal langsam ein, bevor wir versuchen, unseren Atem für einen kurzen Moment anzuhalten. Beim Ausatmen stellen wir uns vor, dass wir das Licht einer Kerze mit unserem Atem auslöschen möchten."

Danach wiederholen Sie diese Übungen – dabei bitten Sie die Kinder, genau darauf zu hören, was passiert, wenn sie ein- bzw. ausatmen.

Daran anschließend atmen Sie gemeinsam für wenige Minuten ganz ruhig weiter. Diesen Zustand halten Sie für eine Dauer von 3 bis 5 Minuten aufrecht. Verdeutlichen Sie den Kindern noch ein weiteres Mal, dass die Konzentration voll und ganz auf der Atmung liegen soll.

Im nächsten Schritt bitten Sie die Kinder, Ihre Augen langsam wieder zu öffnen. Um die Kinder mit Ihren Gedanken nicht allein zu lassen, sollten Sie im Anschluss an die Übung Raum für den Austausch bieten. Hierzu können die Kinder sich beispielsweise gegenseitig erläutern, was sie bei der Durchführung der Übung empfunden haben.

Tipp:
Halten Sie die Sprache während dieser Übung einfach und kindgerecht. Auf diese Weise haben Sie die Aufmerksamkeit der Kinder und stellen sicher, dass diese Ihnen aufmerksam folgen und das Konzept hinter der Übung erfassen können. Dieses zielt darauf ab, den Moment bewusst wahrzunehmen und das eigene Bewusstsein zu fokussieren sowie die Übung konzentriert auszuführen. Dieses Vorgehen fördert, ebenso wie auch die anderen Übungen dieses Workbooks, die Selbstregulation bei Ihrem Kind. Zur Auflockerung bietet es sich an, spielerische Elemente einzubauen.

Ideen für spielerische Elemente zur Auflockerung:

- Bitten Sie die Kinder, sich vorzustellen, dass sie die Atmung verschiedener Tiere imitieren. Folgende Tiere könnten imitiert werden:
  - Ein aufgeregter Hund
  - Eine schlafende Katze
  - Ein Löwe
  - Ein wieherndes Pferd
- Ermuntern Sie die Kinder, sich vorzustellen, dass sich ihr Bauch bei der Atmung wie ein Luftballon füllt. Beim Einatmen verliert der Luftballon an Volumen. Beim Ausatmen füllt er sich wieder.
- Bitten Sie die Kinder, sich vorzustellen, dass ihre Atmung einer Melodie entspricht. Summen Sie hierzu beispielsweise gemeinsam eine Melodie, die zu der Atmung passen könnte.
- Zählen Sie gemeinsam mit den Kindern leise jeden Atemzug. Beim Ausatmen wird hierzu die jeweilige Zahl benannt.

Weitere Atemtechniken:

Die Löwenatmung

Für die Löwenatmung kniest du dich auf deine Yogamatte und legst deine Hände auf deinen Oberschenkeln ab. Nun atmest du ganz tief ein und brüllst beim Ausatmen so laut wie ein starker und gefährlicher Löwe. Wenn du möchtest, kannst du dabei auch deine Zunge herausstrecken.

Die Schlangenatmung

Die Schlangenatmung funktioniert grundsätzlich genauso wie die Löwenatmung. Der einzige Unterschied der beiden Atmungen liegt darin, dass du nun beim Ausatmen nicht mehr wie ein starker und gefährlicher Löwe brüllst, sondern beim Hinauslassen der Luft das Geräusch einer Schlange, also ein klangvolles Zischen, das so lange wie möglich andauern sollte, nachmachst.

Die Blattatmung

Für die Blattatmung brauchst du ein großes Blatt oder einen anderen leichten Gegenstand, den du aufs Wasser – zum Beispiel in die Badewanne, in den Pool oder in eine Schüssel – legst und dann ganz kräftig von einer zur anderen Seite pustest.

Die Luftballonatmung

Bei der Luftballonatmung stellst du dir vor, wie du einen unsichtbaren, riesengroßen, bunten Ballon aufpusten möchtest. Hierfür musst du ganz tief durch deine Nase einatmen und anschließend durch den Mund wieder ausatmen. Und während du ausatmest, stellst du dir gleichzeitig vor, dass der Luftballon mit jedem Atemzug größer und größer wird.

Die Federatmung

Nimm eine Feder zur Hand, wirf diese hoch in die Luft und versuche dann, die Feder durch Pusten oben in der Luft zu halten. Du wirst merken, dass die Federatmung am Anfang eine kleine Herausforderung sein kann, da es nicht immer sofort gelingt, dass der Luftstrom die Feder ganz genau erwischt. Doch mit ein wenig Übung wirst du schnell merken, dass dir die Federatmung ganz gut gelingen wird.

Die Elefantenatmung

Bei der Elefantenatmung verwandelst du dich in einen Elefanten. Hierfür stellst du dich mit leicht gespreizten Beinen auf, atmest tief durch deine Nase ein und hebst zur selben Zeit deine Arme an, die in diesem Moment der Rüssel des Elefanten sind. Versuche außerdem, während des Einatmens deinen Bauch anschwellen zu lassen. Anschließend atmest du klangvoll durch deinen Mund wieder aus und senkst dabei deine Elefantenrüssel (also deine Arme) wieder nach unten.

Die Feueratmung

Die Feueratmung kannst du entweder auf einem Stuhl oder auf dem Boden ausführen. Setze dich hierfür entweder auf den Stuhl, strecke deine Arme aus und lege dabei deine Hände auf dem Tisch vor dir ab oder setze dich im Fersensitz auf deine Yogamatte, strecke deine Arme ebenfalls nach vorne aus und lege deine Hände dabei auf dem Boden ab. Nun atmest du ganz tief durch deine Nase ein und pustest die Luft beim Ausatmen so aus deinem Mund heraus, als ob du mit deinem Atem ein Feuer entfachen möchtest. Versuche dabei, so lange und so kraftvoll wie nur möglich auszupusten.

Übung: Traumreise

Traumreisen sind ein effektives Tool beim Erlernen der Selbstregulation. Sie sorgen dafür, dass Ihr Kind sich entspannen kann und den angestauten Stress loswird. Auf lange Sicht unterstützen Sie mit der Durchführung von Traumreisen daher die psychische Gesundheit Ihres Kindes und darüber hinaus wird die Vorstellungskraft gefördert und die Kreativität angeregt.

Auch wenn Kinder noch nicht in der Lage sind, sich selbstständig um ihr eigenes Wohl zu kümmern, so nehmen die meisten „Inseln der Ruhe" innerhalb des stressigen Alltags dennoch gerne an. Gerade bei der Durchführung von Traumreisen lernt Ihr Kind, dass es nicht immer langweilig sein muss, wenn es zur Ruhe kommt, und dass ihm dies durchaus guttun kann. Viele Kinder schöpfen im schnelllebigen Alltag Kraft aus dieser Übung und können sich im Anschluss wieder besser konzentrieren.

Dass Traumreisen ein hilfreiches Mittel sind, war bereits früh bekannt. Bereits in den 1930er Jahren wurden sie daher vereinzelt im Rahmen von autogenen Trainings für Therapien eingesetzt.

Definition: Autogenes Training

Im Rahmen des autogenen Trainings wird die Vorstellungskraft eingesetzt, um den eigenen Körper in einen Zustand der Entspannung zu versetzen. Dies trägt dazu bei, dass Stress abgebaut und mögliche Schlafprobleme gelindert werden. In seinen Ursprüngen geht das autogene Training auf den Psychiater Johannes Heinrich Schultz (1884–1970) zurück, der sich in den 1930er Jahren mit dem Thema Selbsthypnose beschäftigte. Hierbei fand er heraus, dass er mithilfe seiner Vorstellungskraft seinen Körper in einen entspannten und nahezu tranceähnlichen Zustand versetzen kann – das autogene Training war geboren.

Für die Durchführung einer Traumreise können Sie der nachfolgenden Anleitung folgen:

Dauer der Übung:
Diese sollten Sie individuell nach Alter und Konzentrationsfähigkeit der Kinder bemessen. Im Schnitt sind 5 bis 7 Minuten zu empfehlen.

Das benötigen Sie:

- Einen ruhigen Ort für die Durchführung der Übung
- Bequeme Decken oder Matten, auf denen sich die Kinder positionieren können
- Nach Belieben: meditative Hintergrundmusik

So gehen Sie vor:
Bitten Sie die Kinder zunächst darum, dass sie eine bequeme und nach Möglichkeit liegende Position einnehmen. Dann schalten Sie (sofern Sie sich für diese entschieden haben) die meditative Musik leise ein und bitten die Kinder, die Augen zu schließen. Im Anschluss beginnen Sie mit der Traumreise:

„Stellt euch vor, ihr steht mitten in einem tiefen und wunderschönen Wald. Ihr hört, wie der Wind durch die Blätter rauscht, und spürt die Sonnenstrahlen, die sich durch das Dickicht der Baumspitzen ihren Weg zum Erdboden suchen. In etwas weiterer Entfernung hört ihr, wenn ihr euch ganz doll konzentriert, einen Fluss vorbeirauschen. Während ihr durch den Wald spaziert, nehmt ihr über die Nase die Gerüche des Waldes auf. Auf den Bäumen über euch zwitschern die Vögel und vor euch seht ihr eine Rehfamilie, die fröhlich durch das hohe Gras hüpft. Ein Stück weiter unterhalb auf einer großen Lichtung seht ihr ihn: den Häuptling „weiser Mann". Er winkt euch nett zu und lächelt. Beim Näherkommen tritt er euch entgegen und lädt euch ein, mit ihm auf die Reise zu gehen.

Weil er so nett war, entschließt ihr euch, ihm zu folgen. Euer Weg führt euch über schmale Pfade und Steinwiesen, die von Moos bedeckt sind. Während ihr gemeinsam umherirrt, erzählt euch der Häuptling blauer Vogel Geschichten von seinen Vorfahren. Kein Tier und keine Pflanze können nicht von ihm benannt werden. An einer Lichtung, die euren Weg kreuzt, haltet ihr an. Sie ist bewachsen von vielen bunten Blumen und überall summen die Bienen fröhlich vor sich hin.

An diesem Ort angekommen, erklärt euch der Häuptling weiser Mann, dass ihr an diesem geheimnisvollen Ort etwas Besonderes lernen könnt. Hierzu bittet euch der Häuptling, euch vorzustellen, dass ihr eine Blume wärt. Genau wie die Blume seid ihr in der Lage, groß, bunt, stark und schön zu werden, auch wenn das manchmal eure ganze Kraft kostet und gar nicht so einfach ist. Gemeinsam atmet ihr auf der Lichtung und versucht, den Duft der Blumen wahrzunehmen. Ihr spürt, wie sich ein Gefühl von Ruhe in euch breit macht. Mit jedem Atemzug fühlt ihr euch frischer und erholter. Dann hört ihr es wieder: das laute Plätschern des Flusses, der eben noch so weit entfernt schien. Gemeinsam geht ihr mit dem Häuptling ans Ufer des Flusses und haltet die Hand ins Wasser. Ihr spürt das kühle und erfrischende Gefühl, das sich über die Fingerspitzen auf der ganzen Hand breitmacht. Ihr entscheidet gemeinsam, die Füße ins Wasser zu halten und euch abzukühlen. Während ihr am Flussufer sitzt und euch entspannt, wecken euch die wärmenden Strahlen der Sonne auf. Kurz darauf bittet euch der Häuptling darum, ihm zu folgen. Er erklärt euch, dass ihr jederzeit an diese wunderschöne Lichtung seines Stammes zurückkehren könnt, wann immer ihr eine kleine Auszeit benötigt. Hierzu müsst ihr einfach nur die Augen schließen und euch entspannen. Es dauert nicht lang und der Häuptling weiser Mann ist nicht mehr zu sehen. Nun kehrt auch ihr langsam wieder von eurer Reise zurück und öffnet die Augen. Dann atmet ihr tief ein und aus.

Tipp:
Geben Sie den Kindern im Anschluss an die Übung einige Minuten Zeit, um wieder zu sich zu finden.

Hinweis:
Sind die Kinder etwas geübter im Umgang mit Traumreisen, können Sie sie dazu ermutigen, ihre eigenen Traumgeschichten vorzutragen und die anderen Kinder damit auf die Reise zu schicken.

Eine weitere Traumreise „In allen Farben“ finden Sie zum Anhören im Bonus.

Übung: Atem-Märchenreise

Für die Durchführung der Atem-Märchenreise gehen Sie wie folgt vor:

Dauer:
Für die Umsetzung der Übung sollten Sie eine Dauer von 15 bis 20 Minuten einplanen.

Das benötigen Sie:

- Matten und/oder Decken für jeden Teilnehmer der Übung
- Nach Belieben: Erlauben Sie den Kindern, ihre Kuscheltiere, Kissen oder Lieblingsdecken in diese Übung einzubinden. Dies kann bei der Durchführung der Übung zu mehr Ruhe führen.
- Einen ruhigen Ort für die Durchführung der Übung

So gehen Sie vor:
Um die Übungsdurchführung vorzubereiten, legen Sie den von Ihnen gewählten Raum mit Matten und Decken aus. So kann sich jedes Kind einen bequemen Platz im Raum suchen. Die Kuscheltiere, Decken und Kissen der Kinder lassen Sie sich im Vorfeld aushändigen und platzieren sie jeweils einzeln auf den Matten. Im Verlauf der Übung werden diese zu den Wolken, auf denen sich die Kinder ausruhen dürfen.

Für den Beginn der Übung bitten Sie die Kinder, sich auf den Matten, auf denen jeweils ihr Kuscheltier, ihre Decke bzw. ihr Kissen platziert ist, zu positionieren. Im nächsten Schritt sollen sich die Kinder flach auf die Matte legen. Der Kopf wird dabei auf der „ruhenden Wolke" (Kuscheltier, Decke, Kissen) gebettet.

Anschließend atmen Sie zusammen mit den Kindern einmal tief ein. Dabei stellen Sie sich vor, wie Sie mit Ihrem Atem die Wolken dicht zu sich ziehen. Außerdem bitten Sie die Kinder, in sich hinein zu spüren, was in ihrem Körper während der Atmung passiert. Hierzu können Sie beispielsweise folgende Äußerung treffen:

„Atme nun ruhig und tief ein. Dabei spürst du, wie sich deine Bauchdecke langsam hebt und etwas bebt. Dann atmest du langsam wieder aus und spürst, wie sich dein Bauch zum Boden senkt."

Nach dieser Übung gehen Sie gemeinsam auf eine Reise zum Regenbogen.

Mache es dir auf deiner Unterlage bequem und stelle dir vor, du sitzt auf einem Regenbogen. Es ist ein magischer Ort, an dem alles möglich ist. Atme tief ein und fühle dabei, wie sich deine Bauchdecke langsam anhebt. Dann atmest du langsam und ruhig wieder aus. Dabei lässt du alles los, was dich diese Woche geärgert hat. Mit jedem Ausatmen belasten dich diese Dinge weniger. Im Anschluss atmest du noch einmal tief ein, als wolltest du, dass dein Brustkorb anschwillt, als befände sich darin eine riesige Wolke. Dann atmest du aus und versuchst, die Wolke aus deinem Brustkorb zu befreien.

Stell dir vor, du blickst vom Regenbogen auf eine grüne Wiese. Die Sonnenstrahlen wärmen deine Haut vorsichtig und um die Nase weht ein sanfter Wind, der dir dein Haar ins Gesicht bläst. Der Horizont schimmert in strahlendem Blau.

Du spürst, wie die Kraft des Regenbogens auf dich wirkt und dich auf den Wolken schweben lässt. Du spürst, wie sich der Regenbogen im Takt deiner Atmung auf und ab bewegt. Seine Farben strahlen hell und wunderschön. Rot ... Orange ... Gelb .... Grün ... Blau ... Violett ... Atme tief ein und stell dir vor, wie all diese Farben dein Herz erfüllen und dich aus deinem Innersten heraus zum Leuchten bringen. Du blickst nach unten und findest am Ende des Regenbogens einen türkis leuchtenden Fluss, der dein Interesse weckt. Also entschließt du, langsam den Regenbogen hinunterzusteigen und deine Hände in die kühle Erfrischung am Ende des Regenbogens zu tauchen. Während du dir das Wasser ins Gesicht gibst, merkst du, wie du langsam wieder zurückkehrst."

Hinweis:
Zur Unterstützung der Übung können Sie im Hintergrund auch bei dieser Übung auf Wunsch meditative Musik einschalten. Diese sollte allerdings nur leise sein, um nicht von der Atmung abzulenken.

Teil 6: Selbstregulation im schulischen Kontext

Warum ist Selbstregulation in der Schule wichtig?

Die Anführungen in diesem Workbook haben Ihnen bereits an verschiedenen Stellen aufgezeigt, wie wichtig die Fähigkeit zur Selbstregulation in sämtlichen Kontexten des Lebens ist. Hierzu zählt auch die Schule. Das liegt nicht zuletzt daran, dass im Rahmen der Institution Schule von Ihrem Kind erwartet wird, dass es in der Lage ist, sein Denken, Fühlen und Handeln zu kontrollieren und dieses entsprechend den Vorgaben des schulischen Kontextes zu steuern. Ein wichtiger Bestandteil ist in diesem Zusammenhang die Fähigkeit zur *Selbstständigkeit*, die jedes Kind für die Schule erlernen sollte – und daneben spielen die *Zielorientierung* und die *Reflexion des eigenen Handelns* eine wichtige Rolle. Letztere ist besonders bedeutsam, da durch Reflexion und die anschließende Bewertung eine Veränderung der eigenen Verhaltensweisen vorgenommen werden kann.

Darüber hinaus sollte Ihr Kind im Verlauf seiner Schulzeit lernen, seinen eigenen Lernprozess zu *planen*, und im Verlauf des Prozesses darauf achten, dass es die Inhalte *umsetzt*, die für den anstehenden Test oder die bevorstehende Klassenarbeit vonnöten sind. Dies gelingt allerdings nur, wenn Sie Ihr Kind im Vorfeld und auch im Verlauf seiner Schulzeit dabei unterstützen, die Fähigkeit zur Selbstregulation zu entwickeln.

Zur Verdeutlichung zwei Beispiele:

Beispiel 1: Selbstregulationsfähigkeit gut ausgeprägt
Tom geht in die 7. Klasse. Jeden Abend vor dem Schlafengehen sortiert er seinen Schulranzen und wirft letztmalig einen Blick in sein Hausaufgabenheft, um zu sehen, welche Aufgaben von ihm in den nächsten Tagen noch erledigt werden müssen. Die anstehenden Deutschhausaufgaben schreibt er sich für den kommenden Tag auf. Da er die Mathehausaufgaben erst am Montag vorlegen muss, entscheidet er, diese am Wochenende zu erledigen. So hat er etwas mehr Zeit für Freizeitaktivitäten und es gelingt ihm dennoch, alle Hausaufgaben zu erledigen.

Das war jedoch nicht immer so. Bevor Tom in der Lage war, seine Zeit selbstständig zu planen, erhielt er von seiner Mutter Unterstützung. Gemeinsam haben Sie am Abend einen Plan für die Woche entwickelt, sodass Tom immer genau wusste, welche Aufgaben an welchem Tag erledigt werden mussten. Inzwischen hat er das ganz gut selbstständig im Blick und benötigt nur noch selten die Unterstützung seiner Mutter.

Beispiel 2: Selbstregulationsfähigkeit ist ausbaufähig
Tina fällt es schwer, sich selbst zur Erledigung Ihrer Schulaufgaben zu motivieren. Unterstützung aus dem häuslichen Umfeld hat sie nicht. Ihre Eltern sind voll berufstätig und haben daher nur wenig Zeit, sie bei ihren Aufgaben zu unterstützen. Hinzu kommt, dass sich Tina nur schwer konzentrieren kann. Das war schon immer so. Häufig schiebt sie ihre Aufgaben daher vor sich her, sodass kurz vor dem Abgabedatum ein unnötiger Druck entsteht. Da ihre Selbstregulationsfähigkeit nicht sehr gut ausgeprägt ist, fällt es Tina in der Schule häufig schwer, mit dem erwarteten Lernstoff Schritt zu halten. Dies spiegeln auch ihre Leistungen wider. Hätte Tina einen Wunsch frei, so würde sie sich wünschen, dass sie jemand an die Hand nimmt und ihr erklärt, wie sie sich selbst besser organisieren und langfristig konzentrieren kann. Ihre Eltern haben hierfür jedoch keine Zeit.

Neben den in den Beispielen und Ausführungen angeführten Faktoren trägt die Selbstregulation dazu bei, dass Ihr Kind leichter wieder zur Ruhe kommen kann. Sollte es daher im schulischen Kontext einmal frustriert sein oder sich unwohl fühlen, wird es ihm mithilfe einer ausgeprägten Selbstregulationsfähigkeit gelingen, wieder zur Ruhe zu finden und positive Empfindungen zu haben.

Nicht selten verlangt der schulische Kontext Ihrem Kind einiges ab. Diese Anforderungen beziehen sich vor allem auf die Handlungsfähigkeit Ihres Kindes, die durch eine gut ausgebildete Fähigkeit zur Selbstregulation unterstützt wird. Gerade zum Zeitpunkt der Einschulung weisen die meisten Kinder unterschiedlich ausgeprägte Entwicklungsvoraussetzungen in Bezug auf die Ausprägung eines selbstregulatorischen Verhaltens auf. Gerade dann, wenn Ihrem Kind noch nicht genügend Strategien für die Fähigkeit zur Selbstregulation zur Verfügung stehen, kann das den Übergang in die Schule problematisch gestalten.

Auch zahlreiche Studien belegen, dass Kinder und Jugendliche, die eine gut ausgeprägte Fähigkeit zur Selbstregulation aufweisen, insgesamt bessere Noten erzielen. Eine der bekanntesten Studien, „Teaching self-regulation" (Verweis findet sich im Quellenverzeichnis), stammt aus dem Jahr 2022. Sie postuliert, dass die die Intelligenz nicht in Verbindung mit der Selbstregulation steht, vielmehr deutet sie darauf hin, dass die Fähigkeit zur Selbstregulation für schulischen und beruflichen Erfolg entscheidender ist als eine hohe Intelligenz oder die soziale Herkunft. Bei Kindern mit Defiziten in der Fähigkeit zur Selbstregulation besteht dieser Studie zufolge ein deutlich höheres Risiko für schulische Schwierigkeiten. Zu diesen Schwierigkeiten gehören beispielhaft:

- die Ablehnung durch gleichaltrige Kinder aufgrund eines geringeren Leistungsfortschrittes sowie
- die Ausgrenzung aufgrund des „Andersseins".

Zu diesen Ergebnissen kam auch die Studie „The relation between self-regulated learning and academic achievement across childhood and adolescence" im Jahr 2014 (Studie wird im Quellenverzeichnis aufgeführt).

Die Bereitschaft, sich regelkonform zu verhalten und das eigene Verhalten zu regulieren, bildet demnach die Grundlage für ein im schulischen Kontext als angemessen erachtetes Verhalten. Ist Ihr Kind hierzu in der Lage, führt dies dazu, dass Ihr Kind den Arbeitsanweisungen des Lehrers Folge leisten und die gestellten Aufgaben erledigen kann. Gleichzeitig werden problematische Verhaltensweisen wie das Dazwischenreden ohne Aufforderung oder das Unkonzentriertsein durch die Fähigkeit zur Selbstregulation kontrolliert. Die hier benannten Prozesse beschreiben nichts anderes als die Fähigkeit zur **Verhaltensregulation**.

Neben dieser sollte Ihr Kind auch die Fähigkeit zur **Emotionsregulation** besitzen, weshalb Sie im Rahmen dieses Workbooks die entsprechenden Übungen erhalten haben. Gerade im schulischen Kontext nehmen Anforderungen mit Leistungsbezug stark zu. Überall dort, wo Leistungen erbracht werden, wird Ihr Kind auch in Kontakt mit Misserfolgen kommen, die es im schulischen Alltag bewältigen muss. Diese Misserfolge werden oftmals von negativen Emotionen begleitet, die mithilfe der Emotionsregulation bewältigt werden sollten. Ist Ihr Kind hierzu in der Lage, weil es über eine ausreichend ausgeprägte Fähigkeit zur Selbstregulation verfügt, wird es auch den Rest des Schultags aufnahmefähig sein und seine Emotionen regulieren können. Die Lernmotivation wird in diesem Fall aufgrund der vorhandenen Selbstregulation nicht beeinträchtigt.

Auch im Austausch mit anderen Kindern ist die Emotionsregulation für Ihr Kind von entscheidender Bedeutung. Die Entwicklung der sozialen Kompetenzen Ihres Kindes steht hiermit in Verbindung. Sind diese gut ausgeprägt, kann sich Ihr Kind gut anpassen und wird weniger Schwierigkeiten mit Gleichaltrigen haben.

Mit Blick auf das deutsche Bildungssystem kann gesagt werden, dass das Bewusstsein für selbstregulatorische Fähigkeiten in heutigen Zeiten immer größer wird. Nachteilig ist jedoch, dass die Interventions- und Fördermöglichkeiten im schulischen Kontext aktuell eher begrenzt sind und noch in den Kinderschuhen stecken.

Zeitmanagement und Aufgabenbewältigung

In schnelllebigen Zeiten wie heute sind Kinder eingebunden in eine Vielzahl an Terminen und Verpflichtungen, denen es entgegenzutreten gilt. Ganz gleich, ob die Teilnahme am Ballettunterricht am Nachmittag, das Fußballtraining am frühen Abend, Kinderyoga, Sportstunden, Reitunterricht oder Kreativitätsförderungen – einige Kinder weisen bereits in jungen Jahren einen ziemlich gefüllten Terminplan auf. Bei all diesen Terminen sollte jedoch nicht vergessen werden, dass jedes Kind für die persönliche Entwicklung Freiraum zum Spielen und Toben benötigt.

Dies konnte auch im Rahmen der bereits aufgeführten amerikanischen Forschungen bewiesen werden. Hier wurde die Wichtigkeit des sogenannten „Down Shifting“ (deutsch: „Herunterfahren“) besonders hervorgehoben. Im Rahmen der Studien konnte belegt werden, dass Menschen, die dauerhaft gefordert werden, durch ihre ununterbrochene Nutzung der vorhandenen Ressourcen schlechter mit ihrer Kraft haushalten.

Damit Ihr Kind auch hier lernt, sich selbst zu regulieren und mit den vorhandenen Ressourcen sinnvoll und schonend umzugehen, ist es wichtig, dass Sie gemeinsam herausfinden, welche Hobbys Ihrem Kind neben den Verpflichtungen, die die Schule mit sich bringt, am wichtigsten sind. Ist es der Geigenunterricht? Der Besuch bei der Familie? Die Teilnahme am Tanzunterricht? Das Treffen mit Freunden? In der Praxis können Sie hierzu wie folgt vorgehen, um für ein effektives Zeitmanagement zu sorgen:

Übung: Die Zeit effektiv managen

Das benötigen Sie:

- einen Notizblock
- einen Stift

So gehen Sie vor:

Listen Sie alle Aktivitäten Ihres Kindes in Form einer Liste auf. Im Anschluss besprechen Sie mit Ihrem Kind, welche der Aktivitäten ihm am wichtigsten sind. Im Anschluss sortieren Sie die angefertigte Liste in der Rangfolge, die Ihr Kind den einzelnen Aktivitäten zugeschrieben hat.

Zur Unterstützung können Sie Ihrem Kind die folgenden Fragen stellen:

- Was ist dir besonders wichtig?
- Was tust du besonders gerne?
- Was kann ganz wegfallen?
- Worauf könntest du am ehesten verzichten?
- Was möchtest du auf keinen Fall verpassen?

Hinweis:
In der Praxis kann dieses Gespräch zwischen Ihnen und Ihrem Kind schon einmal zu Differenzen führen. Das liegt vor allem daran, dass viele Eltern sich etwas anderes für Ihr Kind wünschen, als es das Kind selbst möchte. Während Sie beispielsweise Wert auf den Besuch des Turnvereins legen, möchte sich Ihr Kind gerne mit seinen Freunden treffen und darauf nicht verzichten. Versuchen Sie hier, Ihre eigenen Wünsche zurückzustellen und sich auf das zu fokussieren, was Ihrem Kind wichtig ist.

Nachdem Sie die Liste gemeinsam fertiggestellt haben, ist es wichtig, dass Sie für die Aktivitäten, die sich in den oberen Rängen der Liste befinden, Raum im Alltag Ihres Kindes schaffen.

Stellen Sie sich hierzu die folgenden Fragen:

- Was könnte ich reduzieren, um Zeit zu schaffen?
- Was kann ganz wegfallen?

Seien Sie hierbei mutig. Auch wenn dieses Vorgehen nicht Ihren persönlichen Vorlieben entspricht, entscheiden Sie im Sinne Ihres Kindes. Beachten Sie dabei vor allem auch die Persönlichkeit Ihres Kindes. Jedes Kind ist anders. Während einige Kinder eher aktiv sind und Anregung von außen benötigen, legen wieder andere Kinder aufgrund ihres eher ruhigen Wesens Wert auf eine ruhige Aktivität, bei der sie ihre Kreativität ausleben können.

Besonders herausfordernd im Alltag von Eltern werden diejenigen Kinder empfunden, die gerne trödeln oder Zeit verbummeln. Das hat so manchen Elternteil schon einmal zur Weißglut getrieben. Begründet liegt das vor allem darin, dass diese Kinder Aufgaben meist eher verträumt als zügig zu erledigen. Dieses Verhalten, das im Kontext des Kindergartens vermutlich noch konfliktlos blieb, kann vor allem in der Schule zum Problem werden. Oftmals kommen verträumte Kinder mit ihrem zeitlichen Kontingent nicht klar. Viele Dinge können hier ablenkend wirken: der Stift, der angespitzt werden muss, das Schreibheft, das gefüllt werden will, der Radiergummi, der eine besondere Form aufweist ...

Ereignet sich diese Situation beispielsweise im Rahmen der Erledigung der Hausaufgaben, kann dies für Eltern schnell zur Geduldsprobe werden. Verständlicherweise sind die meisten Kinder nach einer Weile sehr gestresst, dass die Hausaufgaben noch immer nicht erledigt sind, obwohl sie draußen schon andere Kinder spielen hören. Hier ist Ihre Hilfe zur Unterstützung der Selbstregulationsfähigkeiten Ihres Kindes gefragt:

• Geben Sie sich Mühe, die Hausaufgaben Ihres Kindes ernst zu nehmen. Teilen Sie ihm mit, dass es etwas Wichtiges tut und dass es die Aufgaben schaffen kann.

• Unterstützen Sie Ihr Kind beim Bereitlegen der Hausaufgabenhefte. Spitzen Sie Stifte und stellen Sie sicher, dass Ihr Kind seine Aufgaben verstanden hat.

• Unterstützen Sie Ihr Kind dabei, sich zu konzentrieren, indem Sie eine Atmosphäre schaffen, in der es sich gut konzentrieren kann. Sollten Sie mehrere Kinder haben, achten Sie außerdem darauf, dass jüngere Geschwisterkinder keinen Zutritt zum Kinderzimmer in der Hausaufgabenzeit haben. Lassen Sie außerdem Ablenkungen wie den Fernseher aus. Bleiben Sie außerdem, sofern von Ihrem Kind gewünscht und nötig, bei Ihrem Kind, um es bei der Erledigung der Aufgaben zu unterstützen. Hierzu müssen Sie ihm nicht bei der Lösung der Aufgaben helfen. Für viele Kinder ist es ausreichend, wenn Sie sich im selben Raum befinden.

• Sorgen Sie gemeinsam mit Ihrem Kind für Ordnung im Schulranzen. Hierzu nehmen Sie sich am besten am Abend Zeit und packen gemeinsam mit Ihrem Kind den Ranzen für den kommenden Tag. Um dieses Vorgehen zu einer Routine werden zu lassen, sollten Sie dies immer zur gleichen Zeit tun. Listen Sie Ihrem Kind hierzu die Fragen auf, die für die Vorbereitung der Schultasche wichtig sind:
- Welche Fächer habe ich am morgigen Tag?
- Was wird für den Unterricht benötigt? Ist darüber hinaus noch etwas mitzubringen?
- Was kann ich zuhause lassen, um den Schulranzen leichter zu machen?
- Kann ich Dinge im Papierkorb entsorgen, die nicht mehr benötigt werden?

• Innerhalb des Kinderzimmers sollten Sie für eine klare und übersichtliche Struktur sorgen, in der sich Ihr Kind gut orientieren kann. Üben Sie gemeinsam, wie Dinge aufgeräumt werden. Tun Sie dies spielerisch und bauen Sie keinen Druck auf. Äußere Strukturen färben häufig auf den inneren Ordnungssinn ab.

• Wenn Sie am Morgen für die immer gleichen Routinen sorgen, wird Ihr Kind optimal auf den Gang zur Schule vorbereitet und beherrscht nach ein bisschen Training ein besseres Zeitmanagement. Eine mögliche Routine könnte dabei sein:
- Aufstehen
- Ins Bad gehen
- Zähne putzen
- Waschen
- Frühstücken
- Anziehen
- Schultasche holen
- Zur Schule gehen

Daneben können Sie selbst auch etwas für Ihr Zeitmanagement tun, um Ihrem Kind ein Vorbild zu sein.

Wissen Sie beispielsweise, dass Sie gegen 7:15 Uhr das Haus verlassen müssen, sollten Sie sich ausreichend Zeit zur Verfügung stellen. Wecken Sie auch Ihr Kind 15 Minuten früher. Das entspannt die Atmosphäre am Morgen ungemein.

Um weiter Zeit zu sparen, können Sie bereits am Vorabend dazu übergehen, den Frühstückstisch einzudecken. Das spart Zeit und entspannt Ihre zeitlichen Ressourcen vor dem Schulstart. Zudem können Sie gemeinsam mit Ihrem Kind am Abend vorher Kleidung bereitlegen, die es am darauffolgenden Tag tragen möchte. Auch die Pausenbrote lassen sich leicht am Vorabend vorbereiten und halten sich im Kühlschrank frisch.

Ein gutes Zeitmanagement ist für Ihr Kind von großer Bedeutung. Zeitdruck und damit ein schlechtes Zeitmanagement stören Ihr Kind nicht nur beim Lernen, sondern es zieht sich auch wie ein roter Faden häufig bis ins spätere Berufsleben hindurch, wo es weitere Probleme verursachen kann. Hierzu gehören beispielhaft Stress, Überforderung und die Fähigkeit, Aufgaben termingerecht zu erledigen. Darüber hinaus sorgt ein schlechtes Zeitmanagement für eine schlechtere Konzentrationsfähigkeit und macht damit weniger produktiv.

Es macht also Sinn, wenn Sie bereits früh damit beginnen, mit Ihrem Kind an seinem Zeitmanagement zu arbeiten. Um möglichen Zeitfallen auf die Schliche zu kommen, können Sie gemeinsam mit Ihrem Kind mit einer Checkliste arbeiten, die dazu beiträgt, den Tagesablauf genau zu dokumentieren und Zeitfresserchen zu identifizieren.

Checkliste – Zeitfresser im Tagesablauf und wo sie sich verstecken

	pünktlich	etwas zu spät	verspätet
Vor der Schule			
Ich bin pünktlich aufgestanden, als der Wecker geklingelt hat.			
Nachdem der Wecker geklingelt hat, bin ich umgehend ins Bad, um mich zu waschen und Zähne zu putzen.			
Als ich aus dem Bad kam, habe ich mich umgehend angezogen.			
Im Anschluss habe ich gefrühstückt.			
Nach dem Frühstück habe ich das Haus pünktlich verlassen.			
Auf dem Schulweg habe ich nicht länger gebraucht als sonst.			
In der Schule			
Ich bin pünktlich in der Schule angekommen.			
Das Abschreiben von Tafelbildern schaffe ich zügig.			
Die Stillarbeit erledige ich ohne Ablenkung.			
Hausaufgaben schreibe ich immer genau auf, um sie zuhause nachvollziehen zu können.			
Nach der Schule			
Mit den Hausaufgaben beginne ich jeden Tag zur gleichen Zeit.			
Meinen Schulranzen packe ich jeden Abend.			
Ich gehe pünktlich schlafen.			

Auch wenn Sie den benannten Punkten folgen, ist dies natürlich keine Garantie dafür, dass der Ablauf mit Ihrem Kind reibungslos funktioniert. Vor allem Aspekte wie Prokrastination und Ablenkung können bei jedem Kind ein Thema sein.

Definition: Prokrastination
Im alltäglichen Sprachgebrauch wird der Begriff der Prokrastination nicht selten mit der sogenannten „Aufschieberitis" übersetzt. Er meint daher nichts anderes als das Aufschieben von Aufgaben, auf die man nur bedingt oder gar keine Lust hat.

Bei Schülern zeigt sich die Prokrastination vor allem dann besonders stark, wenn es darum geht, für eine Klassenarbeit zu lernen oder die Hausaufgaben zu erledigen. Vor allem bei Aufgaben, die sehr komplex sind und viel Zeit beanspruchen, zeigt sich dieses Phänomen bei Schülern immer wieder. Das liegt nicht zuletzt daran, dass dieser Aufgabentyp für Kinder häufig überfordernd wirkt, weil der Aufwand, der für die Lösung betrieben werden muss, „zu viel" ist. Dazu kommt, dass Kinder in vielen Alltagssituationen – so auch bei Schulaufgaben – die Sinnfrage stellen und durch diese den Sinn einer Aufgabenstellung anzweifeln, weil sie nicht wissen, wozu sie diese im späteren Leben brauchen. Sollte Ihnen Ihr Kind diese Frage einmal stellen, könnten Sie beispielhaft die folgenden Punkte anführen:

- Deine Schulaufgaben sind deshalb wichtig, weil du das, was du in der Schule lernst, erst noch vertiefen musst, bevor du es gut kannst. Das kannst du dir in etwa so vorstellen wie das Fußballtraining oder das Tanztraining. Nur durch viel Übung schaffst du es, wirklich gut zu werden.
- Mithilfe der Schulaufgaben möchte dein Lehrer sehen, ob du auch wirklich verstanden hast, was er dir beigebracht hat. Hast du es nicht verstanden, wird er es anhand deiner Schulaufgaben sehen und kann dir noch einmal Hilfestellung geben, damit du es in Zukunft besser verstehst.
- Um in der Schule gut voranzukommen, ist es wichtig, dass du regelmäßig übst. Dies hilft dir beispielsweise auch in Tests dabei, dass du weniger lernen musst, wenn du den Schulstoff mithilfe deiner Schulaufgaben immer wiederholst. Tests und Klassenarbeiten werden dir dann viel leichter fallen.
- Erledigst du deine Schulaufgaben regelmäßig, kann dein Lehrer dir Tipps geben, was schon gut klappt und was du vielleicht noch üben musst. Das ist so, wie wenn du einem Freund erklärst, wie ein Spiel funktioniert. Das lernt er auch nur durch Übung. Die Übung wird in der Schule mit den Schulaufgaben erzielt.
- Schulaufgaben sind wie Werkzeuge. Wenn du lernst, mit den Inhalten umzugehen, kannst du sie auch im späteren Leben immer wieder verwenden.

Warum genau viele Kinder mit Prokrastination kämpfen, kann unterschiedliche Ursachen haben. Zum einen spielt das Alter eine wichtige Rolle, zum anderen die Fähigkeit, sich selbst zu regulieren und zu organisieren. Gerade jüngere Kinder, denen diese Kompetenz fehlt oder bei denen diese eher gering ausgeprägt ist, neigen häufig zum Prokrastinieren. Hinzu kommt das Gefühl von Überforderung oder der Leistungsdruck, der hinter der Lösung einer Aufgabenstellung steht. Oftmals ist letzterer mit dem Wunsch verbunden, die eigenen Eltern nicht zu enttäuschen. Im Umkehrschluss führt dies jedoch nicht dazu, dass Aufgaben gelöst werden, sondern zu einer größeren Hemmschwelle und schlechteren Leistungen. Nur einen Augenblick später befindet sich Ihr Kind in einem Teufelskreis, in dem der Stress wächst und der nur schwer oder mit der Hilfe der Eltern zu durchbrechen ist.

Auch wenn Sie diese Verhaltensweisen von Ihrem Kind kennen, sollten die hier angeführten Informationen keine Panik in Ihnen auslösen. Die gute Nachricht ist nämlich: Sie können Prokrastination bei Ihrem Kind vermeiden. Dies gelingt Ihnen beispielsweise mithilfe der nachfolgenden Tipps:

- In vielen Fällen hilft es bereits, wenn Sie die Aufgaben für die Woche schon am Anfang der Woche gemeinsam mit Ihrem Kind planen. Hierzu können Sie diese beispielsweise einteilen, sodass die Arbeit sichtbar wird. Folgende Fragen können Sie Ihrem Kind hierzu stellen:
  - Welche Hausaufgaben müssen erledigt werden?
  - Stehen Prüfungen oder Tests an?
  - Wird besonderes Material benötigt?
  - Gibt es einen Termin, bis wann die jeweiligen Aufgaben erledigt sein müssen?
  - Wann können die anstehenden Aufgaben erledigt werden?
- Kindern, die prokrastinieren, kann es darüber hinaus helfen, wenn Sie im Hintergrund leise Musik laufen lassen, da diese anregend wirken kann.
- Schreiben Sie gemeinsam mit Ihrem Kind eine To-do-Liste, sodass weder Sie noch Ihr Kind den Überblick verlieren. Sollten Sie darüber hinaus eine Sortierung wünschen, können Sie die auf der To-do-Liste angeführten Punkte nach Wichtigkeit sortieren und sie in dieser Reihenfolge erledigen. Fertige Aufgaben können dann von Ihrem Kind abgehakt werden.
- Unterteilen Sie die anstehenden Aufgaben gemeinsam mit Ihrem Kind in kleine Päckchen. So wirken diese auf Ihr Kind weniger überfordernd und es kann sie leichter angehen und Teilziele erreichen.
- Achten Sie auf ausreichend Pausen. Bei Kindern ist die Konzentrationsspanne meist nicht sehr lang. Wird diese darüber hinaus ausgereizt, sind die Ergebnisse meist nicht sehr erfolgversprechend. Arbeiten Sie daher lieber mit kurzen Lernphasen von etwa 15 Minuten. Teilen Sie diese Zeit auf die zur Verfügung stehende Zeit auf.

- Lernen Sie mit Ihrem Kind niemals mit Druck. Vielmehr ist es wichtig, dass Sie gemeinsam mit Ihrem Kind eine Lösung finden, die Ihr Kind zum Lernen motiviert.
- Schaffen Sie für Ihr Kind eine Umgebung, die zum Lernen möglichst wenige Ablenkungen aufweist. Auf dem Schreibtisch sollte Ihr Kind hierzu beispielsweise nur das finden, was es zum Lernen benötigt.

Hält die Prokrastination weiter an und auch die hier angeführten Tipps helfen Ihnen nicht, können Sie Rat bei einem Fachmann suchen.

Umgang mit Prüfungsstress und Leistungsdruck

Gerade in der Grundschule ist es wichtig, dass Ihr Kind lernt, mit dem Stress, der durch Prüfungen anstehen kann, umzugehen. Da in der Grundschule bereits ein wesentlicher Grundstein für die schulische Entwicklung und damit für das zukünftige Lernverhalten gelegt wird, sollten Sie gemeinsam mit Ihrem Kind über diese Themen sprechen und ihm die richtigen Tools liefern, mit denen es Prüfungsstress und dem Leistungsdruck der Schule entgegentreten kann. Dass Ihr Kind vor einer schulischen Prüfung aufgeregt ist, ist bis zu einem gewissen Grad normal und darf sein. Entwickeln sich diese Symptome jedoch zu Symptomen, die eher einer Krankheit ähneln, wird Ihr Kind kaum noch in der Lage sein, seine Prüfungsangst zu überwinden und sich auf die Aufgabenstellungen zu konzentrieren. Die Symptome können dabei unterschiedlich sein:

- Schweißausbrüche
- Zittern
- Schwindel
- eine stark verkrampfte Haltung
- Magenprobleme

Abhängig davon, wie ausgeprägt diese Symptome bei Ihrem Kind sind, kann das seine gesamte schulische Leistung verändern. Erkennen Sie diese Schwierigkeiten jedoch früh genug, haben Sie gemeinsam mit Ihrem Kind Möglichkeiten, um dagegen anzugehen.

Folgendes empfiehlt sich bei Prüfungsangst:

- Gehen Sie der **Ursache** für diese übermäßige Angst auf den Grund.
- **Verstehen** Sie die **Angst** und reden Sie diese Ihrem Kind weder ein noch aus.
- Wenden Sie **Lernstrategien** an (diese finden nachfolgend).
- Sorgen Sie für **weniger Druck**.
- Geben Sie Ihrem Kind Zeit, sich an die neue Situation von Prüfungen zu **gewöhnen**.
- „Manipulieren" Sie gemeinsam mit Ihrem Kind die eigenen Gedanken in **positiver** Weise.
- Sorgen Sie für ausreichend **Entspannung** bei Ihrem Kind.

Ursachenforschung

Prüfungsangst kann viele Ursachen haben. Verallgemeinert werden können diese also nicht. Zudem beeinflussen sich die unterschiedlichen Ursachen meist gegenseitig. Das führt dazu, dass sich die Panik vor anstehenden Prüfungen bei Ihrem Kind weiter verstärkt. Auch die Angst vor den Konsequenzen bei einer schlechten Leistung kann die Ursache für Prüfungsangst sein. Meist sind es jedoch eher Auslöser wie

- fehlende Lernstrategien,
- übermäßiger Leistungsdruck durch die eigenen hohen Ansprüche,
- übermäßiger Leistungsdruck durch die Ansprüche der Eltern
- Misserfolgserlebnisse oder
- Überforderung.

Wurden die Ursachen einmal ergründet, haben Sie die Möglichkeit, mit Ihrem Kind genau dort anzusetzen.

Angst verstehen

Bei bevorstehenden Prüfungen wird bei vielen Schülerinnen und Schülern durch die aufkommende Angst eine Art Fluchtreaktion ausgelöst. Dabei schüttet der Körper Ihres Kindes Stresshormone aus, die im Körper für eine erhöhte Alarmbereitschaft sorgen. Während diese Form der Angst in Urzeiten Leben rettete, sorgt sie heute bei Schülern für große Probleme. Weder die Flucht vor der anstehenden Prüfung noch die Anwesenheit der Angst bei der Bearbeitung der Aufgabenstellungen hilft weiter. Oftmals wirkt die Ausschüttung von Stresshormonen sich nachteilig aus und ein ruhiges und konzentriertes Arbeiten wird erschwert. Hier ist es Ihre Aufgabe, Ihrem Kind klarzumachen, dass es in Ordnung ist, vor solchen Prüfungen nervös zu sein. Um der Panik entgegenzutreten, können Sie gemeinsam auf unterschiedliche Lernstrategien zurückgreifen.

Lernstrategien

Viele Schüler lernen ohne das Wissen über Lernstrategien. Auch wenn Sie oberflächlich oft den Eindruck haben, dass die Lerninhalte von Ihrem Kind beherrscht werden, kann Ihr Kind diese Lerninhalte nur abrufen, wenn die passenden Schlagworte abgefragt werden. Tauchen diese nicht auf, führt das bei den meisten Kindern schnell zu Verunsicherung und in der Folge zu einem Blackout. Mithilfe von Lernstrategien wird Ihrem Kind hier mehr Sicherheit vermittelt, da es über mehr Selbstvertrauen in sein eigenes Können verfügt.

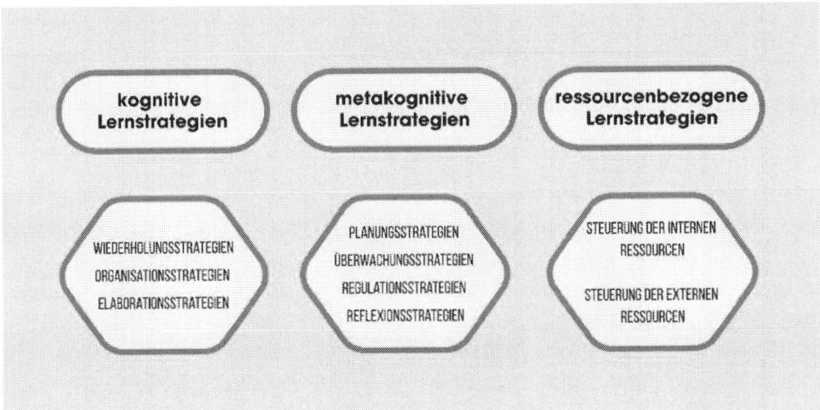

Bei den Lernstrategien wird zwischen drei maßgeblichen Kategorien unterschieden. Zu diesen gehören:

- die **kognitiven** Lernstrategien (Lernmethoden zum Lernen und Erinnern des Stoffs, wie z. B. Recherche, Mindmaps, Texte zusammenfassen),
- die **metakognitiven** Lernstrategien (Organisationsmethoden für besseres Zeitmanagement und Konzentration, wie z. B. mit Farbmarkierungen oder der Pomodoro-Technik) sowie
- die **ressourcenbezogenen** Lernstrategien (das Lernen angenehmer machen durch Ressourcen wie z. B. ein schöner Arbeitsplatz, ausreichend Schlaf, Lernen mit Freunden, zusätzliche Filme und Bücher etc.).

Je nachdem, welcher Lernstoff von Ihrem Kind bearbeitet werden muss, wirken diese Lernstrategien unterschiedlich. Daher kann gesagt werden, dass es nicht nur ausschließlich eine effektive Strategie gibt. Vielmehr geht es darum, herauszufinden, welche Strategie zu Ihrem Kind am besten passt. Um dies herauszufinden, finden Sie nachfolgend eine Auswahl an Lerntechniken, die Sie zur Umsetzung und Bearbeitung des Lernstoffes mit Ihrem Kind nutzen können.

Karteikarten zur Wiederholung

Damit Ihr Kind Lerninhalte langfristig behalten kann, ist Wiederholung das Wichtigste. Eine besonders beliebte und auch immer noch häufig verwendete Technik ist hier das Lernen mithilfe von Karteikarten. Bei dieser Technik werden Karteikarten beispielsweise für die Visualisierung von Inhalten genutzt. So könnten Sie beispielsweise die Vorderseite mit einer Vokabel versehen und auf der Rückseite die Übersetzung vermerken. Darüber hinaus könnte Ihr Kind ein passendes Bild zur Vokabel malen, um diese noch stärker zu visualisieren.

Selbstgespräche führen

Was im ersten Moment seltsam klingen mag, ergibt beim weiteren Nachdenken darüber sogar ziemlich viel Sinn: Selbstgespräche können dazu beitragen, dass Inhalte besser im Gehirn abgespeichert werden können. Aus diesem Grund sollten Sie Ihr Kind anhalten, die jeweiligen Lerninhalte laut zu erklären oder mit sich selbst darüber zu sprechen. Einige hilfreiche Fragestellungen können Ihr Kind dabei unterstützen:

- Wie lässt sich die Aufgabe am besten lösen?
- Bei Mathematikaufgaben: Gibt es eine Formel, die mir bei der Lösung helfen könnte?
- Welche Informationen habe ich, um die Aufgabe zu lösen?
- Fallen mir Beispiele ein, wo ich eine Aufgabe bereits ähnlich gelöst habe?
- Kann ich meine Gedanken einer anderen Person erklären, ohne dass ich dazu meine Notizen nutzen muss?

Rollentausch

Die optimale Vorbereitung auf einen Test oder eine anstehende Klassenarbeit bietet die Technik des Rollentausches. Hierzu können Sie Ihr Kind beispielsweise dabei unterstützen, Prüfungsfragen zum Lernstoff zu formulieren. Gemeinsam können Sie dann eine Probearbeit entwerfen, die Ihr Kind im Anschluss beantworten kann.

Mnemotechniken

Mit dem Begriff der Mnemotechnik werden Lern- und Merktechniken zusammengefasst. Bei dieser Technik werden Lerninhalte miteinander verknüpft. Hierzu wird entweder auf Bilder oder auf Assoziationen zurückgegriffen. Dies erleichtert das Abspeichern des Erlernten im Gehirn. Eine Möglichkeit, eine Mnemotechnik anzuwenden, stellt die Loci-Technik dar. Hierzu bitten Sie Ihr Kind, gedanklich einen wohlbekannten Raum auszuwählen. Die Inhalte der nächsten Klassenarbeit werden nun gedanklich in diesem Raum abgelegt. Hierzu schreitet Ihr Kind gedanklich durch markante Punkte in diesem Raum.

Während einer Klassenarbeit oder eines Tests kann es diese nun durch die Visualisierung des Raumes wieder abrufen.

Lernplakate gestalten

Eine weitere Möglichkeit, Lerninhalte visuell zu unterstützen, bietet das Anfertigen von Lernplakaten. Hierzu bitten Sie Ihr Kind, die Inhalte der nächsten Klassenarbeit auf einem Lernplakat festzuhalten. Hierbei spielt es keine Rolle, für welche Fächer die Lerninhalte gefestigt werden sollen. Wer mag, kann die Lerninhalte außerdem durch Bilder unterstützen.

Clustering

Sollte Ihr Kind sein Wissen gerne kategorisieren, können Sie mit der sogenannten Clusteringmethode arbeiten. Hierzu müssen die Inhalte zunächst sortiert und in Kategorien eingeteilt werden. Die Kategorien sollten so erstellt werden, dass die Inhalte in diesen sogenannten Clustern zusammenpassen. Auf diese Weise ergibt sich eine klare Struktur für den Lernstoff.

Beispiel:
Thema: Erntedankfest
Die Themen und Informationen zum Erntedankfest werden von Ihrem Kind auf Karteikarten festgehalten. Diese Karteikarten werden im Anschluss in unterschiedliche zusammenhängende Gruppen unterteilt. Hilfreich kann es sein, hier mit W-Fragen zu arbeiten:

- Wann beginnt die Ernte und wann endet sie grundsätzlich?
- Welche Bedeutung hat die Erntezeit für den Menschen?
- Weshalb ernten wir?
- Weshalb wird das Erntedankfest gefeiert?
- Wie feiern wir das Erntedankfest?

Hinweis:
Natürlich gibt es neben den hier vorgestellten Techniken weitere Techniken, die das Lernen unterstützen. Auch diese können Sie zur Verbesserung des Lernverhaltens Ihres Kindes anwenden. DIE richtige Methode gibt es nicht. Probieren Sie aus, was zu Ihrem Kind passt.

Pomodoro-Technik

Achten Sie außerdem darauf, dass Sie gemeinsam rechtzeitig mit dem Lernen beginnen. Im Schnitt reicht hier (je nach Umfang der Lerninhalte) eine Woche im Voraus.

Erstellen Sie gemeinsam mit Ihrem Kind einen Zeitplan und überlegen Sie, wie der Lernstoff in kleinere Lerneinheiten unterteilt werden kann. Berücksichtigen Sie hierbei auch regelmäßige Pausen und Zeit für die Wiederholung des bereits gelernten Stoffes.

Neben diesen Punkten ist es außerdem wichtig, dass Sie während der Lernphase dafür sorgen, dass Ihr Kind genügend Ruhepausen einlegt, in denen es neue Kraft tanken und seine Konzentration auftanken kann. Hier bietet sich beispielsweise die sogenannte Pomodoro-Technik an. Bei dieser Technik lernt Ihr Kind in Intervallen. Dies könnte beispielsweise folgendermaßen aussehen:

20 bis 25 Minuten Lernen (je nach Alter Ihres Kindes)
5 Minuten Pause

Nach 2 bis 3 Arbeitsintervallen sorgen Sie für eine längere Pause von mindestens 30 Minuten.

Diese Technik kann Ihrem Kind dabei helfen, die Produktivität zu steigern und den Lernprozess angenehmer zu gestalten. Abschließend sollten Sie natürlich auch dafür sorgen, dass Sie das Selbstwertgefühl Ihres Kindes bestärken. Hier sind Lob und Anerkennung traditionell gute Wege, um die Bemühungen Ihres Kindes wertzuschätzen. Außerdem stärkt dieses Vorgehen das Selbstwertgefühl Ihres Kindes ungemein.

Hinweis:
Achten Sie bei all den in diesem Kapitel angeführten Methoden und Techniken darauf, dass jedes Kind individuell ist. Das, was bei einigen Kindern wirkt, muss nicht zwangsläufig die passende Methode für Ihr Kind sein – und andersherum. Berücksichtigen Sie bei allem, was Sie tun, um Prüfungsstress und Leistungsdruck entgegenzuwirken, die Bedürfnisse und Vorlieben Ihres Kindes. Nur so kann Ihr Vorhaben gelingen!

In Bezug auf die Lernstrategien können Sie bei Prüfungsangst und Blackout (und auch grundsätzlich zur Verbesserung des Lernverhaltens) die folgenden zusätzlichen Tipps anwenden, um Ihr Kind zu unterstützen:

Wiederholen und lernen Sie gemeinsam den Lernstoff regelmäßig im Anschluss an Lerneinheiten.

- Planen Sie mit Ihrem Kind gemeinsame Lernzeiten ein. Diese sollten regelmäßig sein und können dazu beitragen, dass Ihr Kind den Lernstoff verinnerlicht und sich diesen besser behalten kann.
- Statt langer Lerneinheiten sollten Sie eher auf kurze und häufige Lernarrangements setzen. Diese sind für das Gedächtnis und die Konzentrationsfähigkeit Ihres Kindes effektiver.

Erklären Sie, wie Ihr Kind im Unterricht aktives Zuhören trainieren kann.

- Erklären Sie Ihrem Kind, warum es wichtig ist, dass es im Unterricht aufmerksam zuhört. Sofern möglich, sollten Sie es bitten, sich wichtige Dinge aufzuschreiben, damit es diese nicht vergisst.
- Üben Sie außerdem, dass Ihr Kind lernt, bei Unsicherheiten oder aufkommenden Fragen nachzufragen. Auf diese Weise kann es selbstständig sicherstellen, dass es den Lernstoff versteht.

Lernen Sie gemeinsam.

- Unterstützen Sie Ihr Kind beim Lernen, indem Sie gemeinsam lernen. Geben Sie Ihrem Kind hierzu beispielsweise die Möglichkeit, Ihnen den Lernstoff zu erklären. Auf diese Weise kann es selbstständig überprüfen, ob es den Lernstoff verstanden hat.
- Berücksichtigen Sie beim gemeinsamen Lernen jedoch auch, dass jedes Kind anders lernt, und identifizieren Sie den Lernstil Ihres Kindes. Auf diese Weise können Sie die Lernstrategien entsprechend anpassen.

Kommunizieren Sie mit dem Lehrpersonal.

- Wollen Sie Ihr Kind unterstützen, kann es darüber hinaus hilfreich sein, wenn Sie den Kontakt mit den Lehrern Ihres Kindes halten. Diese können Sie über den Lernfortschritt Ihres Kindes im Bilde halten, sodass Sie Schwierigkeiten umgehend gemeinsam besprechen können.

Fördern Sie die Konzentration und Aufmerksamkeit.

- Damit Ihr Kind effektiv lernen kann, ist es wichtig, dass Sie eine Umgebung schaffen, in der dies auch möglich ist. Minimieren Sie hierzu Ablenkungen und sorgen Sie für ausreichend Pausen während der Lerneinheiten. Bedenken Sie dabei immer, dass sich Ihr Kind nur für einen noch sehr geringen Zeitraum konzentrieren kann. Dem sollten Sie bei der Dauer der Lerneinheiten gerecht werden.
- Sorgen Sie für eine ruhige, helle und ordentliche Lernumgebung und achten Sie darauf, dass Ihr Kind ausreichend Schlaf erhält. Nur so kann es Energie tanken. Um Leistungstiefs vorzubeugen, sollten Sie darauf achten, dass Ihr Kind am Morgen vor der Prüfung ein gutes und reichhaltiges Frühstück zu sich nimmt. Außerdem eignen sich Bananen und Nüsse als Snacks gegen entstehende Leistungstiefs.

Veranschaulichen und visualisieren Sie gemeinsam Inhalte.

- Für die Darstellung der Inhalte sollten Sie, je nachdem, welcher Lerntyp Ihrem Kind gerecht wird, auf veranschaulichendes Material zurückgreifen. Hier eignen sich beispielsweise Bilder, Diagramme oder Ähnliches. Mithilfe dieser Darstellungen wird der Lernstoff für Ihr Kind greifbarer.

Erstellen Sie gemeinsam zur Selbstorganisation und dem Zeitmanagement einen Lernplan.

- Damit Ihr Kind sich besser organisieren kann, kann es hilfreich sein, wenn Sie gemeinsam einen Lernplan ausarbeiten. Hierzu sollten Sie die Zeitfenster für Freizeit, Lernzeiten und Schulaufgaben zeitlich in einem Plan begrenzen. So kann sich Ihr Kind täglich gut orientieren.

Setzen Sie Lernziele, die Sie gemeinsam erreichen wollen.

- Überlegen Sie gemeinsam mit Ihrem Kind, welche Lernziele für einen bestimmten (von Ihnen festgelegten) Zeitraum möglich sind. Bleiben Sie hier bei Ihren Einschätzungen realistisch und überfordern Sie Ihr Kind nicht.
- Zunächst ist es hier wichtig, dass Sie gemeinsam mit Ihrem Kind den Lernstoff überblicken. Hierzu können Sie sich einen Tag im Vorfeld der anstehenden Prüfung festlegen, an dem Sie mit Ihrem Kind durchsprechen, welche Inhalte für die bevorstehende Prüfung wichtig sind.
- Das Festlegen von Lernzielen trägt dabei dazu bei, dass Sie Erfolge besser wahrnehmen und diese gemeinsam mit Ihrem Kind feiern können.
- Vergessen Sie jedoch auch bei den gesetzten Zielen nicht, dass Ihr Kind Zeit braucht, um schulische Inhalte zu erfassen und zu verstehen. Seien Sie geduldig und bieten Sie, wann immer nötig, Unterstützung an.

Simulieren Sie Prüfungssituationen.

- Die Simulation von Prüfungssituationen kann Ihrem Kind die Angst vor Prüfungen nehmen.
- Hierzu können Sie den Lernstoff in möglichen Aufgabenstellungen zusammenfassen und Ihr Kind bitten, diese in einem bestimmten Zeitraum zu bearbeiten.
- Erinnern Sie Ihr Kind außerdem daran, dass es sich die Aufgabenstellung langsam und in Ruhe durchliest. Hier kann es beispielsweise hilfreich sein, wenn es die leichten Aufgaben zuerst löst und sich im Anschluss erst den komplexeren zuwendet. So kann es dies dann auch in Prüfungssituationen handhaben.
- Geben Sie Ihrem Kind mit auf dem Weg, dass es sich nicht von anderen Mitschülern verrückt machen lassen soll. Durch dieses Vorgehen gewinnt Ihr Kind im Anschluss Sicherheit und die bevorstehende Prüfung wirkt mit der Zeit und Übung weniger bedrohlich.

Weniger Druck

Kinder, die unter Prüfungsangst leiden, fühlen sich häufig niedergeschlagen, wenn sie schlechte Zensuren erhalten. Es ist daher wichtig, dass Sie nicht schon im Vorfeld einer Prüfung Druck aufbauen und dauerhaft auf die Konsequenzen und Auswirkungen einer schlechten Prüfung hinweisen. Sollte eine Leistung wirklich schlecht ausfallen, sollten Sie nicht mit Ärger reagieren. Vielmehr ist es wichtig, dass Sie sich gemeinsam mit Ihrem Kind anschauen, was schiefgelaufen ist, je nach Fach die Aufgaben noch einmal gemeinsam durchgehen und den Prüfungsergebnissen gelassen gegenübertreten. Machen Sie sich hierbei immer bewusst, dass Klassenarbeiten zwar den Wissensstand abfragen, aber kein Garant für das Lebensglück Ihres Kindes darstellen.

Positive Gedankenmanipulation

Kinder, die unter Prüfungsangst und Leistungsdruck leiden, weisen oft ein hohes Maß an negativen Gedankengängen auf. Diese sorgen dafür, dass eine eigentlich gesunde Angst in Panik umschlägt. Folgende Sätze können Sie mit Ihrem Kind daher im Vorfeld einer Prüfung üben:

- Auch wenn es nicht einfach wird, ich kann es schaffen.
- Ich habe ausreichend gelernt und bin deshalb gut vorbereitet.
- Ich habe gelernt. Ich werde das schaffen.
- Auch wenn ich keine gute Note schaffe, wird nichts Schlimmes passieren.
- Ich brauche keine Angst zu haben. Ich bin gut vorbereitet und kann den Lernstoff wiedergeben.

Entspannung

Um Ihr Kind im Vorfeld einer Prüfung zu entspannen, können Techniken wie autogenes Training, Yoga oder progressive Muskelentspannung hilfreich sein. Diese Techniken können Ihrem Kind helfen, den eigenen Stress im Griff zu haben und die Konzentrationsfähigkeit zu verbessern. Viele Krankenkassen und Volkshochschulen bieten hier mögliche Kurse an. Sollten diese Techniken Ihrem Kind nicht helfen, können Sie es darüber hinaus mit gemeinsamem Sport versuchen. Dieser hilft Ihrem Kind, in exzessiven Lernphasen den eigenen Stresspegel zu reduzieren und besser zu entspannen. Insbesondere an dem Tag vor der Prüfung bietet sich Bewegung an. Das trägt außerdem dazu bei, dass Ihr Kind am Abend müde zu Bett geht und gar nicht erst in die Grübelfalle gerät.

Sollte Ihr Kind eher wenig sportaffin sein, können Sie auch gemeinsam entspannende Musik hören und auf diese Weise den negativen Gedanken Ihres Kindes gegenübertreten. Auch bestärkende Worte Ihrerseits können Ihrem Kind in dieser Phase Sicherheit bieten.

Nur Mut!

Nun sind Sie am Ende dieses Buches angekommen. Der Weg zur Selbstregulation Ihres Kindes mag zugegebenermaßen nicht immer geradlinig verlaufen und wird Sie als Eltern auch vor eine Vielzahl an Herausforderungen stellen. Dennoch werden Sie auch viele gemeinsame und wertvolle Momente erleben, die die Beziehung zwischen Ihnen und Ihrem Kind bestärkt.

Beschreiten Sie den Weg zur Stärkung der Selbstregulation Ihres Kindes immer mit Verständnis und Geduld und bedenken Sie außerdem, dass Ihr Kind all die Fähigkeiten, über die Sie bereits verfügen, erst noch erlernen muss.

Beim Erlernen dieser Fähigkeiten geht es nicht darum, dass Ihr Kind perfekt in der Lage ist, sich selbst zu regulieren. Vielmehr geht es darum, dass es mit Ihrer Unterstützung lernt, die Höhen und Tiefen, die das Erlernen von Selbstregulation mit sich bringt, gemeinsam mit Ihnen zu bestreiten.

Auf dem Weg zu einer selbstbewussten und bestärkten Persönlichkeit zählt jeder Schritt, den Sie mit Ihrem Kind durch gemeinsame Übungen, Gespräche oder aber nur die Reflexion unternehmen.

Seien Sie daher achtsam beim Ausführen der Übungen, beobachten Sie Ihr Kind genau und unterstützen Sie, wann immer nötig. Achten Sie dabei auch darauf, wie sehr Sie selbst im Verlauf der Übungen mit Ihrem Kind wachsen werden.

Sollte es dennoch einmal schwierig sein, vertrauen Sie darauf, dass die Bemühungen, die Sie gemeinsam mit Ihrem Kind in Bezug auf die Fähigkeit zur Selbstregulation unternehmen, Sie beide gemeinsam in die richtige Richtung führen werden.

Bonus: Audioguide und Materialien

https://bit.ly/3Lww8Jj

QR-Code oder Link zu allen geführten Traumreisen und Mitmachübungen zum Anhören + Materialien zum Ausdrucken

Quellenverzeichnis

• Kiel, Natalie (2022): Elterliches Verhalten und frühkindliche Regulation als Vorläufer von Selbstregulation und Temperament.

• Kiegelmann, Mechthild / Baumann, Nicola (o. D.): ein methodenintegratives Interventionsprojekt zur Selbstregulation von Schülerinnen und Schülern.

• Von Suchodoletz, Antje (2008): Die Entwicklung von Selbstregulation im Übergang vom Kindergarten in die Schule: Die Rolle von mütterlicher Erziehung und kindlichem Temperament.

• Spinrad, T. L., Eisenberg, N., Cumberland, A., Fabes, R. A., Valiente, C., Shephard, S. A., et al. (2006): Relation of emotion-related regulation to children's social competence: A longitudinal study. Emotion. 6, 498-510.

• McClelland, M. M., Cameron, C. E., McDonald Connor, C., Farris, C. L., Jewkes, A. M., & Morrison, F. J. (2007). Links between behavioural regulation and preschoolers' literacy, vocabulary, and math skills. Developmental Psychology, 43, 947-959.

Studien:

• https://www.clearinghouse.edu.tum.de/wp-content/uploads/2017/10/CHU_KR-10_Dent-2016_Selbstreguliertes-Lernen.pdf

• https://www.nature.com/articles/s41562-022-01449-w

• https://www.researchgate.net/publication/284604049_Differences_in_self-regulatory_processes_among_students_studying_science_A_microanalytic_investigation

• https://link.springer.com/article/10.1007/s10648-015-9320-8